U0059800

大都會文化
METROPOLITAN CULTURE

大都會文化
METROPOLITAN CULTURE

這樣的日子，
挺好！

不是勉強，也並非無所謂，
只是單純喜歡現在的生活。
我的小小天地，個人就可以溫暖整個世界。

前言

當我們遇上一連串不順心的事情時，總會說：「今天實在太了倒楣了！」可是你有沒有想過，你愈認為不順利，運氣只會愈壞？

你已經預測接下來的時間也會繼續不好，於是會下意識把所有事情都弄糟的。什麼你都會從負面去看，人家對你一個友善的微笑，你認為是嘲笑；人家幫你一把，又覺得他是可憐你，於是你的心情只會更壞。

我們總是以為心想事成，就是幸福，可是人生是不是擁有得愈多，就愈是幸福？

過去我所擁有的，有些是好的，也有些為我帶來其他煩惱。

人應該有上進心，活著有個目標，但萬一變成非得到不可，那就會很危險了。

這樣的日子，
挺好！

有一個女人，為了一定要在三十歲之前嫁得掉，勉強跟一個花心的男朋友結婚，結了婚卻不快樂；也有一個男人，為了急著找到工作而失去理智，借了一筆鉅款投資生意，卻又被騙財，情況比以前更糟。

處於人生低潮，你會不想見人，連打招呼都不願，但請你先不要自責，因為這是正常的，不開心沒有錯，人不可能一輩子都快樂，一輩子都沒有煩惱。

你該分清楚哪些是可以解決的，哪些是不能解決的。能夠解決的便按步就班，耐心一點，或許你身旁有一些潛在天使，到時候問題便可迎刃而解；至於不能解決的，就欣賞它為你帶來的好處。

有長輩在一張白紙上點了一個黑點，問我看到紙上有什麼，我很自然的說我看到了黑點。但她提醒我，除了黑點之外，紙上還有很多白色的地方，角落還有一些圖案呢！我們總是把問題放大，自尋煩惱，杞人憂天，卻忽略美好的東西。

這本書不單是一本勵志書，我也想與大家分享如何善待自己，以及對人性的分析。就算你事業愛情皆失意，你也要對自己說：「這樣的日子，挺好！」境隨心轉，每早對自己說，今天一定會有好事發生，世事無常，失意絕不是永恆的，對明天充滿希望，黑暗很快便會過去。

麥潔芳

目錄

第一章 「壞日子」總有個期限 017

沒有人是一輩子一帆風順的，他只是沒有把痛苦告訴你。或許你倒楣的日子比其他人長，但你的好日子卻特別甘美。

Contents

Contents

第三章 寂寞是人類永遠解決不了的問題 131

Contents

Contents

第五章 老師沒有教會的人情世故 215

不要在比你弱的人面前講自己的成功；謙虛不是為了有好修養，而是一種智慧。

第一章 「壞日子」總有個期限

沒有人是一輩子一帆風順的，他只是沒有把痛苦告訴你。或許你倒楣的日子比其他人長，但你的好日子卻特別甘美。

與其忍耐，不如解決

約莫七八歲的時候，有次跟一位長輩一起等公車，太陽猛烈，又沒有乘涼的地方，我對她說：「太陽曬得我好辛苦喔！」她冷冷地說：「沒辦法。」

如果有一個小孩子對我這樣說，我最少也會想想解決方法，例如會對他說：「這次沒辦法了，下次我帶一把陽傘吧！」

如果我負擔得起，可能還會立即攔計程車，寧可到另一個有遮陰的地方再轉公車。

總之，我不忍看到小孩子受苦。

華人凡事忍耐，那是會受到讚賞的。然而這樣是不是積極的做人態度？

我認為，一覺得難受，第一件事就是要想辦法解決，解決不了，那才接受它。

因從小到大忍得太多，我是絕對不容許自己受苦的。

瑜伽課的規矩，在上課的時候不准出去，可是如果我想去洗手間，我一定會離場。有時即使上課前已上了洗手間，中途還是會再有需要的。

只要一個朋友令我不舒服，我會立即疏遠他。人總有缺點，可是有些人是會長期令你難堪的，這段友情不該再繼續。

有次上了公車，我找到座位之後愈來愈擠，有個女人很大聲的講電話。起初我寧願不坐了，站著來距離她遠一點，但還是覺得很吵，於是我在上高速公路之前下車，再轉乘下一班車。

做人，應該盡量增加快樂，減少痛苦。

有什麼令自己快樂的事，多去做：哪個人常常令自己開心，多去親近他；哪個地區令你心情煩躁，少去一點；哪家餐廳的服務惡劣，不要去。

當然，隨心所欲要有強大的經濟後盾支持，除非你收入麥克麥克，否則在某些開支方面可以彈性一點。

有些人用言語中傷你，你以為容忍他就是好修養？他會變本加厲！

你的態度要比他更差，你要說得比他更刻薄，你要比他更不留餘地，他就以後都不敢再得罪你了。

沒錯，你還擊也不會得獎，但這有利於精神健康。就算你不罵他，至少你要把不舒服的感覺表達出來，心平氣和的說：「你的態度令我很難受。」說了出來，你會輕鬆許多。

不過這也要看對方是什麼人吧，如果是路人甲，那不屑理睬他，倒是朋友就要坦白。

有次上瑜伽課，有學員想笑又不敢笑，老師打趣說：「啊，繼續笑吧，憋住笑真的好辛苦的！」

所以，想笑就笑，想哭就哭，不要再忍了！

身在低處，很好

從沒談過戀愛的人，不會抱怨單身很可憐，正如從沒吃過巧克力的小孩子，不會覺得沒巧克力吃是種缺乏，因為他們不知道世上有一種零嘴叫巧克力。

張小嫻說，她唸大學時不會到學校的餐廳吃飯，因為那裡的食物太難吃了，而她當時已有穩定收入，所以她會到學校附近的餐廳用餐。

我唸大學的時候，則是到學校的餐廳吃飯的，一點都不覺得難吃，還吃得津津有味，因為那時候年紀小，沒真正吃過好的，不知道食物有好壞之分。

我唸國小時，上學穿的皮鞋是大陸貨，也不覺得很寒酸，還覺得很好看呢，即使我同學是穿義大利皮鞋的，我也沒有自卑。直到現在，我才明白當中的區別。

無知是幸福的，未享受過，未有過好日子，未曾名利雙收，未被愛人溺愛過，這統統是幸福，因為沒有比較，不曉得物質和愛的匱乏。

人們其中的一樣痛苦，是得到的時候害怕失去，因為好時光總是不長久的，諸行無常，盛極必衰，上天總有一天會收回。

然而當你處於谷底，你應該很放心，上天不會忍心再折磨一個際遇已經糟透的人，祂只是妒忌命太好的人而已；而你也即將由儉入奢，苦盡甘來。

如果你永遠沒機會成為有錢人，你便不會對物質上癮，不用擔心有一天失去時如何重新習慣過儉樸生活。如果你天天坐勞斯萊斯，我想你會連計程車都嫌臭。

不要絕望

有些情況，你以為沒有轉圜餘地，死路一條，但這只是你個人的預測，是以你的邏輯去思考，事實卻並非如此。

我大學畢業後，很久都找不到工作，很著急。我希望教書，但到八月中還未找到教職。

到了八月下旬，去了一間學校，校長說如果會錄用我的話，會在星期五之前給我電話。

過了星期五，還未有消息，當時已經接近八月底，我以為沒希望了；但到了下星期，學校竟然打電話給我，原來校長沒有在星期五之前找我，只是因為沒有時間而已。

我也有朋友有過類似經驗。

有時候，拖延並不等於拒絕，我們要耐心等候，對前路充滿希望。只要你相信即將會有好事發生，自然就會順利。運程是由心境所影響的。

甚至，就算有人拒絕了你，那也不等於永恆。很多人口口聲聲說自己鐵石心腸，但他們也是有感情的，世事無絕對，突然有一天，或許他經歷多了，看法改變了，便不再拒人千里。

如果有人不接受你，你不要強逼他，給他一點時間，人就是見你不再緊張，他反而會悵然若失。

曾有個男孩子知道我喜歡他，便告訴我他已有喜歡的人了，於是我當然不再找他。不久，他打電話來問我為什麼不再追求他？結果，我們戀愛了。

我也有一些女性朋友，表白後對方遲遲未有回覆，有些甚至拒絕了，但最終他們仍可成為夫妻。

有時候，一切或許只是源於一點誤會。

某次我在微博向一個朋友發私信訴說煩惱，他沒有回覆，我以為他不理會我；後來才知道是因為微博有點毛病，他收不到通知，是我想得太多了。

自殺的人，部分是以為沒有將來，因為他們以為自己料事如神。但請記住，只是你自己覺得無路可走罷了！你的智慧有限，你的思考模式或許有問題而不自知，世上充滿奇蹟，堅持下去，你終會等到那一天。

沒有完美的事

我在大學唸中文的時候，有個好色的同學，比我們大幾年，他很喜歡買色情光碟，收集美女照片，上課時又常常盯著漂亮的女同學，傳聞他還會嫖妓，於是被一群年輕的男同學排擠。

那時有位名模進了我們學校唸書，這個同學是她的粉絲，所以會去逗她說話，找她合照，在學校見到她的時候還會跟她打招呼。

他還會很唐突的給教授看她的照片，老師也只是看一眼，敷衍了他。

有次，這個不機靈的同學又對著那群已經瞧不起他的男同學說見到她，他們問情況如何，他答：「很漂亮，只是臉上有點瑕疵（青春痘）。」有個頑皮的男同學便戲弄他，很大聲的裝作安慰他說：「哪有完美的事呢！」

真的，世上的確沒有完美的事。如果你樣樣要求完美，做人會很痛苦。就像

這個不機靈的同學一樣，對於並不屬於自己的東西卻還妄想追求完美，不是很傻嗎？

有些命好的人，什麼都有，人生一帆風順，不明白什麼叫失望、憂慮、擔心、徬徨、無助、寂寞、心痛、恐懼、煎熬，不能想像連笑一笑都會覺得吃力的日子。他們人生沒有荊棘，考試沒有過不及格，從沒遇過拒絕，沒有人欺騙過他，購物從不需要比較價錢，沒嘗過愛的人不愛自己。可是這種人是萬中無一的。

每個人總有一些缺陷。同一件事，發生在他人身上是好的，發生在你身上卻是壞的，所以不必妒忌。

我們總是看到人家有什麼，而看不到他沒有什麼；而我們看自己呢，卻總是只看到自己沒有什麼，人家很艷羡的那方面，我們又忘記了。

我們不能擁有全世界，而你得不到的那些，對於你來說未必是最重要的，你該慶幸自己擁有最不能失去的那些。

以我的經驗，有些長期不能解決的問題，日子久了便會習慣了，甚至覺得是好的。凡事有得有失，因為我沒有這幾樣東西，才令我獲得其他更珍貴、更有用、更有保障、更長久的事物。

我也相信文窮而後工，那些窮過的作家，敏感度較常人高，爆炸力是很驚人的，凡事順遂的人又怎會想得這樣多？

有些問題可以置之不理，你愈刻意做很多事去解決，不但達不到目標，還會失去更多，製造更多問題，令自己更氣餒，更不快樂。

簡簡單單也可以好幸福，有些人可能就是因為擁有得太多，反而有更多煩惱。

如果你已經好幸福，惜福就可以了，感恩不一定要說出口，可以心裡面感恩，上帝會知道的。炫耀幸福很幼稚，人生無常，你不知上天哪一日會收回，到時你就會很尷尬，與其誇口說自己有多好，不如多提醒別人有什麼好，為他們高興。

不開心的天分

一個懂得不開心的人，我會很欣賞他。不開心是一種天分，不是人人都有這

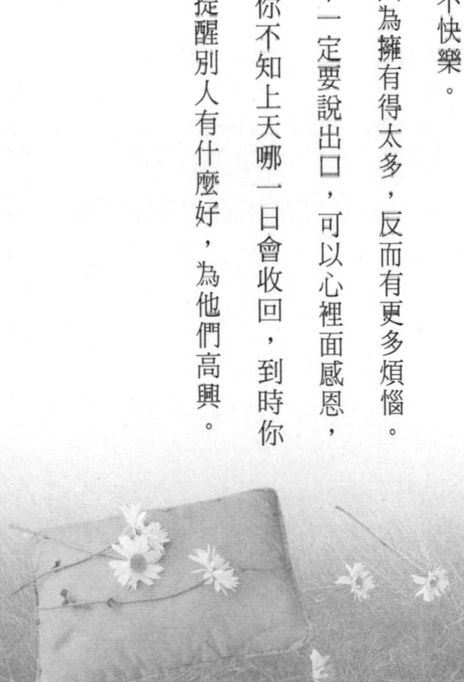

個能力。

你是否喜歡結交開朗樂觀的朋友？那，你認為他會是個理想的傾訴對象嗎？

太開心的人，不會明白你體諒你，他來來去去的安慰話都是「take it easy」、「forget it」、「看開一點」，悶出鳥來。他缺乏耐性，你說一句，他便反駁你三句。

人生太順意的人，會缺乏同情心，他會覺得你的煩惱是小問題。

我們訴苦，最需要的，不是朋友教我們怎樣做，而是感同身受。理想的傾訴對象，是既明白你的感受，同時會給你鼓勵，而不是反問「你有什麼慘」，罵你不滿足。

某些情況下，一個人不抱怨，並不是因為他知足，而是因為他沒有腦子，他不知道自己缺乏什麼，他太高估自己，不知道自己能力不逮，沒有自尊心。

我有個朋友，在私人俱樂部工作過，她說她同事在被客人罵完之後，還可以笑著對他們說「玩得高興一點喔」。但她就是做不到。

我也無法如此。作為一個文藝工作者，太需要七情六欲了。

一個音樂家，從沒嘗過哀傷，如何彈出幽怨的樂章？

義大利作曲家 Scarlatti 因為有大把錢，過著無憂無慮的生活，所以他所寫的奏鳴曲全都是開開心心的；蕭邦的人生並非一帆風順，曾經只賺取微薄的收入，也苦戀過，所以他所寫的夜曲才這樣扣人心弦。

有些作家，題材永遠圍繞著自己，他的女兒大學畢業了，他的傭人回鄉了，他和妻子去了哪裡玩，老是寫不出令讀者有共鳴的句子。無法抒發情感，是因為他沒跌倒過，他不感性，也不知道什麼叫不快樂。

多愁善感是個優點，這種人勤於用腦袋，創作力特強。一個有思想的女孩子是很吸引人的，她有靈魂，她心思縝密，她感情豐富，她看電影的時候會掉眼淚，她有同情心，她理解你的痛苦。

有精神科醫生說，憂鬱症患者大多是好人，因為他們責任感特強，所以容易自責。

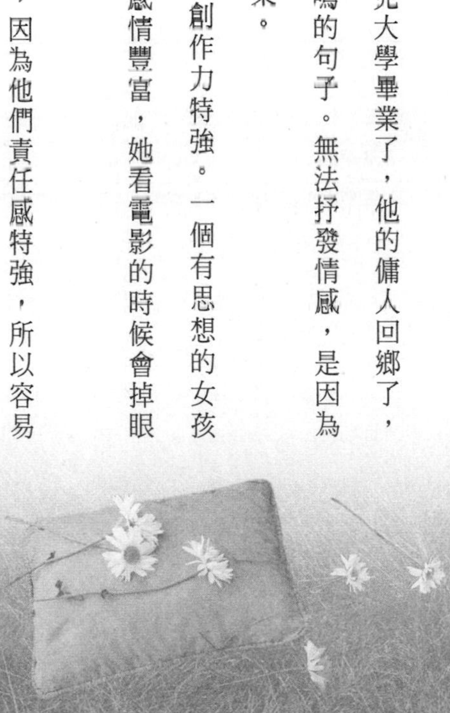

懂得內疚的人，心腸不會太壞，因為影響到他人所以不快樂，這種人還不算心地善良嗎？

有時情緒的低落，才能突顯心情開朗的可貴。

所以真的不用羨慕別人的開心。有些人說自己常常很開心，可能他真的很開心，但也很可能他是為了面子而騙你。很多人嘴裡說的與事實不符，不可盡信。

如果你只想要酒肉朋友，那找個天真活潑無知幼稚的朋友也無妨；如果你要交心的，找個有點人生經驗的吧。

如何能夠開心？

東方人往往不太任性，例如很多人都長期幹一份不開心的工作，老一輩亦為了子女的成長而沒有跟配偶離婚。

不開心，都是因為太理性，理性就是願意做不想做的事情，而不是根據自己的喜好做事。

以前教書教得不開心，我對一個長輩訴苦，他反問我：「難道上班有開心與不開心之分嗎？」是的，謀生不由得我們選擇做什麼，為了糊口，很多不想做的事都要做，不想見的人也要應酬，早上沒睡飽就要爬起床，晚上為了享受少之又少的私人時間，遲遲不願睡覺，造成睡眠不足。

有次跟朋友討論「受氣」的定義，我問她：「你曾有過在工作上很生氣卻仍要笑嗎？」她答：「當然要了，否則就不叫受氣了！」

那又如何舒解做人的壓力？

其中一個方法，就是率意而為。

做人最開心，就是想做什麼便做什麼，想說什麼便說什麼，想吃什麼便吃什麼，想買什麼便買什麼，把欲望放在理智之上。我們之所以有那麼多束縛，就是因為不能隨心所欲，要遵守很多規矩。讀書人的包袱最大，因為他們最怕人家說他們不像唸過書，一句「碩士生都這麼沒修養」便能深深的傷害他們。

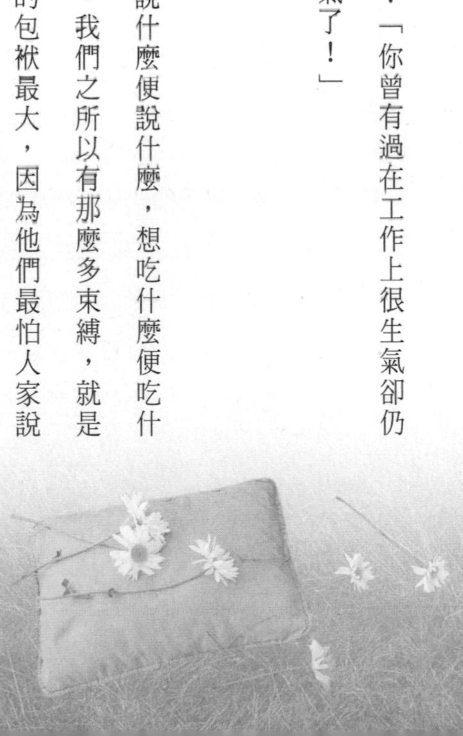

當然，在率意而為之時，也要遵守法律，不是叫你去掌摑你最憎恨的人，不是叫你興之所至亂丟垃圾。而是要學會對自己好一點。

我有個朋友，他的老闆因經濟問題突然解僱他，而他卻在尚未找到新工作的情況下買了一部夢寐以求的手機。理智上來說，經濟狀況未穩定是不該買奢侈品的，但我朋友就是用這個方法令自己高興一下。

我很喜歡到酒店做按摩，但因為價錢是普通美容會館的數倍，我只有在心情極度低落時才會打電話預約即日去。在我心情沒有什麼特別的時候，我會很理性，不會這麼容易破費。

又例如我平日飲食很節制，但如果有一天心情壞透了，我也會一天內吃盡薯片、冰淇淋和巧克力等零嘴。

我每天都會部分時間工作，部分時間玩樂，同樣的，如果那天我得到一個壞消息，我會改為全天都吃喝玩樂——並非絕對要天天循規蹈矩的。

我也遇過一些老師、醫生或服務員，有時態度認真，有時則很馬虎，或者與心情有關。

日本是個做事認真，態度嚴謹的民族，完美主義，容易自責，所以很多日本人都患有憂鬱症，自殺率高。

我們有時可以放縱一下，適量的任性，那才可以保持身心健康。

解決不開心

有個朋友對我說，有煩惱不一定要找人訴苦，可以約朋友出去，大家風花雪月，分散注意力，於是連本身的煩惱都忘記了。

是的，諸多抱怨令人討厭。其實很多社工都很厭倦聽病人發牢騷，不過這是他們的工作，他們必需耐著性子，如果沒錢誰會有這麼好的耐性？除非你對他有利用價值吧。

一對朋友，如果不是互惠互利，只有甲幫乙，而甲又不需要乙的話，那這段

友情不會長久，因為我們不是慈善家。不過我對沒有人理的人是很同情的，因我是過來人，一個人不被關心重視，真可置他於死地。很多人以為人只要吃得飽、穿得暖便足夠，其實不然。

總之，心情苦悶，先別發牢騷，約個朋友出來，開頭可能有點辛苦，你根本不想笑，但禮貌上又要笑，就算他的笑話不好笑你也要笑；不過呢，談了十五分鐘，你便會放鬆下來，聲音也不自覺愉快了，可能他的話題很有趣，這也治好了你的情緒。

除非是很嚴重的問題，否則，短時間的情緒低落，確實可以藉著社交來忘記痛苦。

另一個方法，就是吃東西。

人總要吃飯，吃一頓好的花不了多少錢，可能比買一件衣服更便宜，只是大多數人都不願意一個人上餐廳，所以你必需找一個接受你情緒的人陪你吃飯。

通常吃飯後人會有精神，有精神便會開心。我曾經喝完奶茶一個小時後，心情頓時好起來。此外，吃辣也可以提神，有時我會在家裡喝一杯薑茶，對情緒也有幫助的。

最後，氣味也能改變精神的狀態。

我記得幾年次，有次我心情壞透了，於是以嘗鮮價光顧一間美容會館，去做按摩和臉部護理。我一進去，聞到薰香，情緒便平和了。薰香治療的確有效。

我的工作室有一部薰香機，長期開著，嗅到香氣真會令人開心的，這也是一個健康和積極的解決方法，總好過瘋狂購物或狂吃零嘴。

窮的好處

有些樂趣，是有錢人享受不到的。

例如尊貴護膚品牌 Clé de Peau 送我樣本，是皇牌產品 la creme 的三天試用裝。一瓶 la creme 賣萬多元，我負擔不起，難得有機會試，我很開心。假如我是

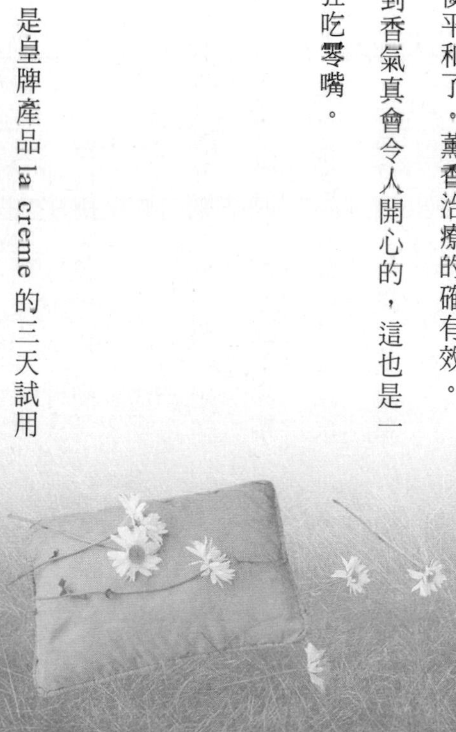

貴婦，老早買了用了，這些樣本也就不能給我驚喜了。

如果享受是無限的，那我們很快會麻木，也無法再往更高層次前進；如果世界所有東西都是唾手可得，那麼當我們辛苦工作後，又要買什麼來獎勵自己呢？輕易得到的東西就不算獎勵了。

有次看談話節目，主持人說：「那次我在四季酒店搭電梯，有一個青年，比你（嘉賓）還瘦，頭髮像『怒髮衝冠』，站也站不穩。他很囂張地說：『稻菊（位於四季的著名日式餐廳）嗎？我吃得吐了！』唉，讓你吃一輩子稻菊也沒什麼了不起呢。從他參差的牙齒可以猜到他的出身，是暴發戶，所以口氣這麼大！」

是啊，對於一個擁有太多的人來說，或許反而失去了享受的樂趣。

我很喜歡的一本英文雜誌叫 Asia Spa，介紹世界各地的按摩院。以前我也只在美容會館翻翻，在休息間很放鬆的躺著閱讀，其樂無窮；但現在，當我知道書店有賣，可以買回家看後，如今我到美容會館看雜誌就少了一個選擇。

我家裡沒地方放置跑步機或其他健身器材，所以我會參加健身俱樂部，對我來說感覺很棒。

有時在外國機場，尤其是日本，在候機室見到按摩椅我也會付一點錢玩玩，如果我家裡有按摩椅的話我就不會覺得有什麼特別了。

如果我們很有錢，有一億，十億，那麼百貨公司週年慶、送禮物、折扣優惠等，對於我們來說也就沒了意義，因為我們根本不需要去撿便宜。

那次我去雪梨，我本來坐特級經濟的（經濟和商務之間那級別），不知怎地，上機時空服人員給我換了商務座位，我當然很開心。如果我是闊太太，買頭等艙，又怎麼會有這些驚喜。

坐公車的好處，是可以悠閒的欣賞風景，自己開車就要高度集中精神，想做白日夢也不可以，還要找地方停車。如果有自己的司機呢？逛街完畢，或者可以打電話叫他在什麼地方接你，可是如果臨時想更改行程，想多逛一會兒呢，那就不方便了。

這樣的日子，挺好！

窮人很容易開心，很多物質對他們來說都很新鮮，即使短途旅遊，去鄰近國家也很滿足。

窮人，即使收到二手名牌也很興奮。

有雜誌訪問東莞十三歲的妓女，她們為了生活，四十元台幣一次的交易都去做，從垃圾堆拾回來的洋娃娃都很珍惜，很可憐，但她們卻從中感受到快樂。

我呢？我沒錢天天坐計程車出入，所以我主要也是坐公車。因我有潔癖，怕周圍的乘客有體臭、有煙味或挖鼻屎，所以我盡量在下午五點前啟程回家。也有好處的，晚上有多點時間專心工作。

凡事總有好的一面。

失去的好處

每當你失去一樣東西，你第一個反應，該是想想它為你帶來什麼好處。

這是生存之道，也是養生之道。

最近我有點失落。我最好的朋友，我的知己，我的好兄弟，因為煩心自己的感情問題，沒時間聽我分享心事。

他對我來說很重要，多少個寂寞的晚上，是他跟我在MSN聊天，聽我訴苦，與我談笑；而我有一些很私人的心事，只有他一個人知道。

因為我只告訴他一人，所以我的困擾，如今就失去唯一的傾訴對象。

失去他，令我更了解自己。我明白到自己太依賴同一個人，那是不健康的。我把所有專注力都集中在他一人身上，而沒有去留意其實還有很多朋友都很關心我的，只是我對他們很冷淡，我以為我有這一個好友已足夠了。

因為他對我少了關心，我才明白到，人終究是為自己的。你要別人幫你，只要他沒有損失，那是沒問題的；可是如果你要他有所犧牲，那麼這段友情就會受到考驗了。

但如果今天是我呢？

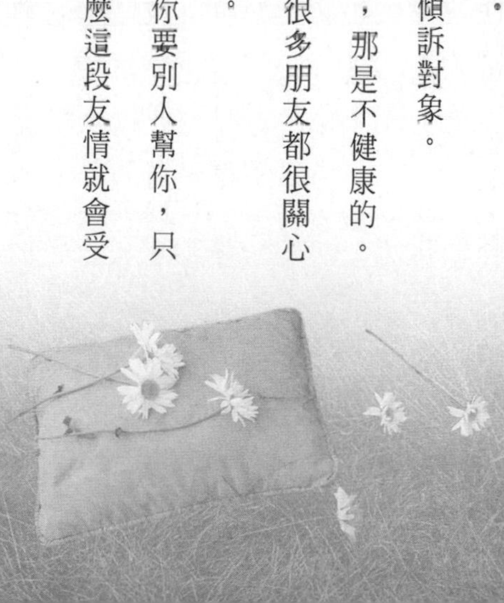

在我心情不好的日子，我未必會問候朋友，我也不是很偉大的人，人不為己，天誅地滅。然而，如果有朋友向我傾訴，就算我自己很煩惱，就算我的心情已經糟透了，只要我有時間，我一樣會開解他。

這是我的做法。我自己不開心，但這不是拒絕幫助朋友的藉口，而且對於我某些患有憂鬱症的朋友來說，跟他聊一小時，真可以救回他一命，絕對值得。我自己又不是快要死了，為什麼不救救其他人？

在你情緒跌至谷底的時候，對別人伸出援手，其實也幫了你自己。

助人為快樂之本。我曾經很憂鬱，連走路都覺得吃力，當時在街上有人向我問路，我告訴他，他向我道謝後，我覺得自己幫了人，做了一件好事，整個人頓時有精神了，開心了。

所以，我很鼓勵失業或因身體問題不能做全職工作的朋友，去做義工；就算沒能力捐錢，做了有意義的事，對社會有付出，便會覺得自己有價值，於是會快樂起來。

經過了這一次的失去，我重新思考「朋友」與「幫助他人」的意義。失去也是有好處的。

有時失去一個人，你才會發掘其他更適合你的人，所以失去無需傷心，失即是得。後來，我在臉書跟我的國中學姊聊了兩三個小時，才發現，原來好的聆聽者不止我那位好兄弟一人。

失意的苦

著名服裝設計師劉培基說，當他經歷人生的低潮時，經濟拮据，甚至要變賣心愛的物品和轎車等，那段時間他不想見朋友，不想人家知道自己的苦，最怕朋友們爭著付帳。

有時候，一個人自尊心極強，是因為他自卑。

在金錢掛帥的現代社會，失戀還不算最倒楣，最令人抬不起頭來的，是失業

和出現經濟問題。

失意，真不想接觸人，自我封閉。要不宅在家裡，要不全是個人活動，連電話都不想接，朋友在 MSN 發訊息也不想跟他聊。

很多年前，有一首歌曲叫《我們的近況》，歌詞中女主角最怕親友追問她與男友的近況，因為他們已分了手，再也沒有近況了。

失業的人，最怕親友問他找到工作沒有，一次兩次三次，一年了，都說還沒找到，大家都很擔心，而眾人的同情和緊張，是會令失業者難受的。

有些不明白的人更會說是他找工作太挑，但其實找工作除了實力之外，也很講求運氣的。在不開心的時候面試，笑容又怎會自然呢？很少人會體貼的只問：「最近忙什麼？」大部分人都會直接問：「找到工作了嗎？」——要他直接回答尚未有著落，好殘忍。

又，很少人明白，爭著幫窮人付錢，是會傷到他的自尊心的。那些人雖是出於好意，覺得失業人士沒收入，以為幫他是對他好。但沒錢的人，就是最怕人家提醒他沒錢。

如果你知道朋友有經濟困難，你可以建議請他吃飯，問他是否需要借錢，但如果他拒絕的話，你就不要堅持了，你要顧及他的自尊心。不識趣的人還會補上一句：「你沒錢，我幫你付錢吧！」這是在人家的傷口上灑鹽。

東方人尤其好面子，我們都不想朋友們知道自己際遇不好，報喜不報憂的人占大多數，不信的話你看看臉書，人人都講自己如何幸福，老公如何疼她，自己吃了什麼美食，工作上的成就，很少人會提及個人煩惱。

正值人生低潮，出來聚會不單沒有近況或好消息可以報告，還要被逼著聆聽朋友加了薪、結了婚、多唸一個碩士博士，與自己的境況形成強烈的對比，你還可以真心替朋友高興嗎？

我們都喜歡認識開心的朋友，愁眉苦臉的見人，也是不禮貌的，強顏歡笑更是苦了自己。

「不開心要多社交」，這句話害了很多人。可以多出去走走，但不一定要應

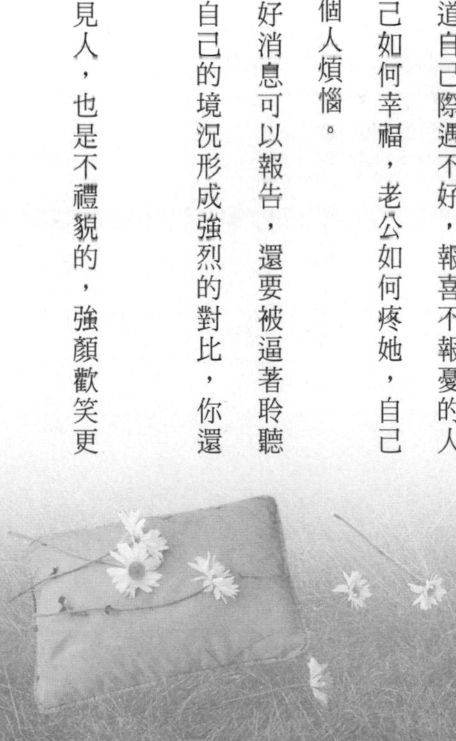

酬，待東山再起，才若無其事的做第一百零八條好漢吧。

無為

某些情況，是應該什麼都不做。

我不是叫大家消極，而是你做得愈多，只會令情況更壞，也更有挫折感。

被情人拋棄，你唯一可以做的，就是冷淡，愈冷淡愈好，千萬不要苦纏他，不要要求復合。

這不是自尊的問題，而是你愈煩著他，他會愈遠離你，令他沒有考慮的時間，他會更憎恨一個不自愛的人，最後連那10%的復合機會都失去了。

失業的時候，有些人會拼命找工作，就算一些不適合自己的職位都去面試。你的豬朋狗友會說，外送員也要做，倒垃圾也要做，來回四小時車程的工作也要做，差點兒沒叫你妓女也要做。說你應該放下身段，最要緊是先有工作。這是因為他不是當事人，當然可以講這些風涼話。

然而你也要顧及自己的感受與現況。假如你是一個碩士畢業生，去應徵一個卑微的職位，人家敢聘用你嗎？你又嚥得下這口氣嗎？於是你常常面試失敗，更加氣餒，就算真的找到工作，也傷了你的自尊心，還浪費你的時間。其實你應該靜靜等候符合你學歷和工作經驗的職位，在這段時間盡情休息並提升自己。

多年沒談感情，很渴望戀愛，你要做的，不是降低要求，勉強抓住一個配不上你的人，也不是為了有人陪伴，而跟一個不適合自己的人一起，甚至互不相愛；而是隨遇而安，耐心等候上天的安排。

當你有個目標，卻總是碰了一鼻子灰，你愛的人總是不接受你，這時你也應該停下來，轉換精神去做有發展空間和有回報的事情，或者某個地方、某些人更需要你，你在那裡會更容易取得成就感。

解決問題的其中一個方法，就是不去解決。

因為如果事情本就無從解決，而你又搞很多小動作，以致愈搞愈忙，弄巧反拙。

無為，不是讓困難自生自滅，而是處之泰然，不做荒謬的、愚蠢的事情，飲鴆止渴只會令自己更痛苦。

無為，在預料不到的時候，總會有出路。

第二章 製造快樂

遠離令你不舒服的人，不事事依照時間表進行，享受獨處的時間，你也可以很快樂。

無聊

曾看過有個讀者寫信問一位專欄作家，無聊的時候可以做什麼？

無聊這二字，跟我是完全扯不上關係的。

下班後或週末，會感到無聊的人，大抵是沒有個人興趣。有嗜好，時間多出來都還來不及高興呢，怎會有「不知做什麼好」的煩惱呢？

聽過一些朋友說，約朋友吃飯的目的是「消磨時間」；我找朋友，目的一定是很久沒見面，想跟他們聊天，互相問候近況，而絕不是利用他們來「解悶」。

我雖然不在辦公室工作，也沒有什麼社交，但總覺得時間不夠用，不明白為什麼那些單身小資女郎會害怕放假。

或者我最大的興趣是閱讀，已借和買了很多本書，本來目標是一個月看十本，也做不到，還有雜誌、報紙與網上專欄等，可以看的真的很多。

閱讀是很好的愛好，人應該不斷進步，知識不斷增加，隨著年齡增長，一年比一年成熟，一年比一年有智慧，這樣才不會浪費時間。有些人，三十五歲仍然停留在二十五歲的思想，那是很可悲的。他的時間花在哪裡？縱使賺到很多錢，升過很多次職，但仍然言語無味，談吐幼稚，仍然戀戀紅塵，那也並非很成功。

當你常識豐富，你會變成一個很有趣的人，跟不同人都有聊天的話題，素質高的人會欣賞你，曉得你有文化、有腦子、有內涵。你是什麼層次的人，就吸引到什麼層次的異性。

有些人喜歡打電動，玩電動並沒有錯，精神科醫生更說這種活動可以防止老人痴呆症，只是不該當作唯一的興趣，否則會很頹廢。

除了閱讀和做運動之外，我有時執拾一下書桌，扔掉沒有用的收據和包裝，整理過期的雜誌拿去廢紙回收，抹抹塵，也花掉幾個小時了。

有些與家人同住的女孩子，太無聊也是因為不肯幫媽媽做家事，其實可以做些簡單的工作，如洗廁所、洗碗等，也一樣可以殺死時間。

幸好，我的興趣多：閱讀、寫作、彈琴、健身、瑜伽，又會自己去試特色餐廳，做美容，每年一個人出遊幾次，不愁寂寞。做我的男朋友，一定不可以太黏，要給我大量私人空間，否則我會覺得他很煩。

所以，要解決沒事可做的煩惱，先培養一些興趣吧，不論是做小手工、繪畫，還是攝影，玩樂器，學外語也可以，否則一輩子怎樣過？老公也不可能二十四小時陪伴你吧，朋友亦有他們的家庭生活。

一個人的自由

跟朋友約會完，她回到家裡發簡訊給我：「全家人都出去了，屋子裡只剩我一人，早知剛才自己先逛逛街才回家吧！」

雙子座的人最怕獨處，而雙子座的我，卻超喜歡一個人。

這個朋友，如果我是她，回到家裡見沒有人，我會高興得不得了，這是真正的自由，想做什麼便做什麼，在客廳更衣也可以，又沒有人跟我爭洗手間。

很多年前，我已搬了出來住。有幾個星期，我男友家裡裝潢，到我家暫住。有一天，他要回自己家睡一晚，順道整理一下，當時我覺得鬆了一口氣。我不是不愛他，我愛死他，只是我也需要私人空間，我也想有喘氣的機會。因為這件事，我知道自己是不適合結婚或同居的。有些女孩子，要男友把所有私人時間都奉獻給她，而她又沒有自己的圈子，沒有個人愛好，我覺得她們好可憐。

除了對飲食要求高了點之外，我覺得自己另一難相處的例子，就是無法跟朋友一起逛街。

我也不明白其他女人為什麼不能一個人逛街？

有次跟朋友吃完飯，我說很累，想快點回家，但她要求我陪她逛十分鐘，那我覺得十分鐘是可以忍受的。

然後，我說要到超市買點食物，她又要求陪我，我懇求她讓我自己買，她才

答應我。

「己所不欲，勿施於人」這句話，只可用在某些情況上。

我知道大部分人，都喜歡過群體生活，購物想有人陪，但如果有個人在我旁邊，我會覺得他在騷擾我，我想走得快一點也不可以，我也不需要他的意見，一個人就會很寫意了。

而且，我不愛說話，有時真沒有話要說。但跟朋友一起時，又不好意思不出聲，勉強要找些話題，那我會很辛苦。

可是，有些朋友也會令我享受。跟一些有深度的朋友吃飯，例如有進修的、有高雅興趣的、有腦子的、有思想的、常識豐富的、不會只講是非的，我跟他們可以連續聊上三小時也不會冷場，並且我不會覺得自己在應酬。

有的朋友，我會很喜歡見他們，當他們和我約會，我會改掉本來的計劃，例如想去做美容或瑜伽都取消了。反之，有的朋友會令我不耐煩。

還是那一句，朋友不是用來打發時間的。而一個人時也可以有很多活動，很多娛樂。

即興

做人應該有計劃，有目標，什麼時候完成什麼工作，可是凡事都按照時間表進行，生活也很刻板。

我做事喜歡即興。

有時工作得悶，想出去放鬆一下，會到了車站才決定上哪輛車，或上了車才決定在哪裡下車。

旅遊書介紹很多餐廳，我大多不理會，我喜歡walk-in，隨便找一間餐廳光顧。

雖然旅行前會寫行程表，但到時多數會改變次序，會刪減或加插目的地。

某些信用卡在特定的日子會有特價，但我最討厭限定自己在那幾天看，應該是有興致的那天才看的，那才看得開心。

適量的任性，才有人生樂趣。

我媽媽很理性，想去一個地方，會順路才去。我是突然想去的那天便去了。

以前沒有那麼多壽司店，我的男朋友住西區，若有一天他突然很想吃壽司，會特地跑到東區買。我也是這種人。

我也曾突然很想去新加坡，立即訂機票，在三天後出發。

我想能享有這種即興的自由，你需要很獨立，以及自由的工作時間。辦公室一族，吃喝玩樂都要在週末進行，而現在又沒有哪個行業是不用加班的。

一定要有朋友伴陪的人，和朋友約會，既不能在該日因為沒有心情而爽約，也不可以突然打電話給朋友說一個小時後見。我以前也有這些喜歡即興聚會的朋友，不過這種即興我不大喜歡，我也要有一點心理準備呀。

我有個朋友，會即興去做美容的，下了班才打電話預約。

我國中時，常常一個人去公車旅行，也是到了公車總站，看看哪輛公車的終點站最陌生，就坐那條路線了。

朋友說我很浪漫，我想我這個人是很靈活，計劃隨時更改。

購物呢，如果你出門前就想好要買什麼，那不會有太大驚喜，最開心是逛街時看上一件商品，在那一刻才決定買，那會很過癮。

其實我在大學為什麼要選修音樂，也是沒有計劃的，沒想到這是一個沒有「錢」途的科目。

別浪費時間

男藝人說，跟不喜歡的女生約會是浪費金錢和時間。

只有不能自處的人，才要不斷找很多莫名其妙的人陪伴自己。

我不反對社交，人是群居動物，不與朋友來往那又太孤僻了，我只是覺得，你要享受跟他一起的時間，你才見他。

我有一個三十多歲的女性友人，單身的，她有一個女同事，也是三十多歲單

身，住在她家附近。每到星期六早上，她就會約我的朋友出去逛街。她沒有錯，我只是奇怪，除了找人陪之外，沒有其他的事可以做嗎？她沒有自己的興趣？

到我這種年紀，交朋友已經不光是為了有個人陪，必需經過篩選。凡是會破壞你心情的人，令你不舒服的人，都應該遠離。別念在什麼國小、國中同學的份上，人是會變質的，我有太多經驗，有些距離才好。

一些女性朋友，會問你很多問題，其實那不是關心你，只想比較。不論任何關係，都應該尊重對方隱私。跟我友誼永固的女友，都不會問我很多問題，很奇怪，她們有個共同點，就是性格、興趣、談吐和打扮都比較中性，還有很多個都是從沒談過戀愛的。

我們生活已經那麼忙碌，應該只與值得交往的人一起，珍惜時間。

那我又如何看待拓展生活圈？

朋友可以讓它自然流失。金錢花了一筆，要賺回一筆，要有進有出，但朋友是不一樣的。

順其自然，有時候在預料外的場合，會與一個陌生人一拍即合，一見如故，那是你們的緣分，應該謝天謝地，太刻意的反而不美好。

我也有一些國中同學，以前從沒交談過，但十多年後重遇，卻非常談得來，愛情和友情也很講求timing的。

朋友，可以令你很快樂，也可以令你很不快樂。消極的說，如果我沒有社交，我的情緒是很平穩的，我不開心，通常都是因為被傷害。

如果你把朋友傷害你的話轉述給別的朋友聽，通常他們都說「小事而已，你連這個都生氣？」其實是針不刺到肉不知痛，事情不是發生在他身上，他當然感受不到傷人的力量。

事實上，每一個人都小器，只是有些表露出來，有些不；有些有修養，有些沒修養。

現在我已很少主動約朋友，可是如果有我喜歡的朋友約我呢，我會二話不說

答應的。

平起平坐

到美容沙龍做護理，美容師幫我做問卷的時候，我坐著，她蹲著問問題，我拍拍旁邊的座位，示意她坐下來問，她笑著搖頭說：「不，我不可以坐的。」相信這是上司的指示。

我倒認為，從事服務業的人，不用做得如此謙卑，作為顧客的我也不好受。幾年前，我常常光顧的一家餐廳，那些年輕的服務生，也是蹲下來為客人點菜的。

有次我在意見表寫著：「服務生不用蹲下來為顧客服務。」

雖然我不是水瓶座，但我有這星座的性格特點，就是一視同仁，沒有階級觀念。

我相信人人平等，就算大家學歷、職業和出身不同，也沒有貴賤之分。我對我上司，我老師，以及對服侍我的人，態度是沒有分別的。任何人都要尊重，因為他們是一個人。

小時候，有傭人稱我為「小姐」，我媽媽連忙阻止，要她直呼我的名字。我媽媽也不想我覺得自己高高在上。

而服務業人士，我只要求他們有禮貌，有點笑容即可，不用笑得像日本售貨員那麼燦爛。

曾經在音樂中心教鋼琴，老闆要求我盡量多笑一點，要笑著來教，這是不合理的。

當然，打招呼的時候要笑，說再見要笑，指出學生的問題時可以笑一笑，令他沒有那麼尷尬，但不用無時無刻都在笑。

我常常跟朋友吃飯，我發覺幾乎沒有一個人，是會在吃完飯後把座椅挪好的。雖然有服務生幫忙，但我覺得推好椅子是自己的責任，這是自己的風度，做得整齊一點，也是尊重自己。

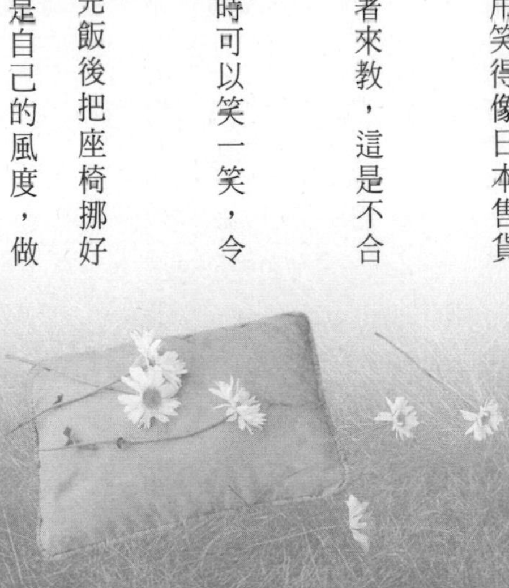

我最討厭看到有傭人幫小孩子拎書包，傭人不是奴僕，小孩子自己可以做到的事，應該由他來做。

洋人的好處，就是他們沒有架子。

還記得唸大學時，有次上課，我坐第一排，原子筆掉到地上，其實我可以自己撿起來的，但那位授課中的義大利籍教授，也俯身幫我撿起來，他們覺得沒什麼大不了的。

又有一次，有同學在考試途中咳嗽得很厲害，也是這位教授，出去為她盛一杯溫水，她感動得不得了。

有空姐網友說，在頭等機艙，最囂張的就是那些暴發戶，出名的富豪卻反而彬彬有禮。

當然，在一視同仁之餘，自己也不要太謙卑，否則人家便會瞧不起你了。中庸之道最好。

「你不要介意喔……」

幾年前，有次等公車，排我後面的女人突然開口對我說：「小姐，你不要介意喔……」我立即打斷她悻悻然說：「我很介意呀！」

然後車子到了，我不理會她，上車，她還說：「我也是想幫你而已。」

我知道她想批評我的皮膚，她在街上找目標做生意。

通常人家先說一句：「我有話想說。」都不會是好東西，這是叫你先做好心理準備，迎接他的傷害。

發生在近年的，有次我搭捷運，有個女人，本來整個人霸占一根扶手，我沒地方借力，她才讓開。突然，她對我說：「小姐，你介意我說一句話嗎？」我冷冷的回答：「介意呀，不好意思。」然後我走到另一邊。

同樣的，不會是善意的勸告。如果我沒扣好鈕扣，如果我走光了，如果我

的包包沒拉好拉鍊，她會直接告訴我的，第一句就是主題了，不會這麼「吞吞吐吐」，好像 on your mark 準備向你發射飛箭。

我很討厭有些人第一句話就是「希望你不要介意」，好像那是傷人的擋箭牌，就像一句「對不起」，殺人都可以。

以「你不要生氣喔」作為開場白，接著什麼傷透你自尊心的話都紛沓而來，那之前這一句是否補償得了？

要傷害我，OK，請直接傷我，有話請說，有屁請放，不要爛裝好心，先提醒我以下一番話將會令我難堪。這樣做只會弄巧反拙。

也有些人，先批評其他人，然後冷不防強調說：「我不是說你呀！」

曾有朋友說在我面前說，三十多歲女人，除非特別有錢或美麗，否則很難嫁得掉的，然後補上一句：「我不是說你呢！」

天呀，我根本不覺得自己貧窮或不美麗，我根本沒感到他在指桑罵槐，但正因為他這樣多此一舉，反而才令我敏感起來。

所以，很多話都是多餘的。

與其說「你不要介意」，就不如不說之後那番話了。

與其說「你先不要生氣」，就不如忍一忍，不要把朋友背後的閒言閒語轉告他。究竟你是真心希望朋友有所改善，還是想欣賞他聽到是非後面如土色的樣子？請捫心自問。

與其補一句「我不是影射你呢」，就不如機靈一點，當你朋友有你口中批評的類似缺點時，你就不要找他說了。崩口人忌崩口碗。

很悲哀的是，人的劣根性是善妒，見人家不高興就幸災樂禍。只有心地善良的人，才不會說以上那幾句話。與其說這幾句話打預防針，不如說話時多顧及他人的感受，那會更貼心。

那個人是否感興趣

國中時有個英文老師，英文好得沒話說，但非常瞧不起我們，她覺得我們英

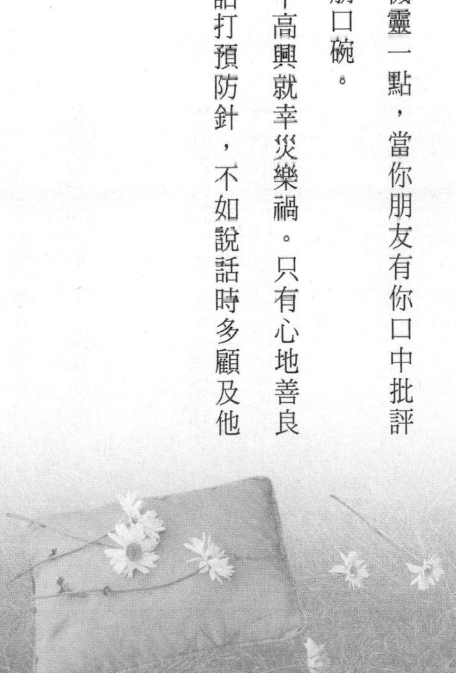

文差勁，又不肯舉手回答問題。

其實她應該明白，這是文化問題，華人向來被動含蓄，不像外國學生那麼踴躍發表意見。有一群能夠安靜聆聽老師教導，又沒有上課睡覺的學生，已屬難能可貴。

有一次考完口試，她大罵我們英文說得如何差。因為口試的其中一個環節是她跟我們閒聊以測試英語說話能力，我記得她說：「其實我沒興趣知道你們的事，問你們那麼多也只是為了考試而已。」

我深深地受傷了。

或者因為我敬畏她，我希望那位老師會關心我們；而所有老師，除了教學之外，也有責任關心學生的。

一個你喜歡的人，說對你的事沒興趣，不想聽，你是多麼心痛啊。

如果你有暗戀別人的經驗，你一定明白，被心上人關懷慰問，是多麼令人感動的事。一個普通人關心你，你不覺得有何特別，可是你心儀的人問候你，你會把他的愛心放大十萬倍，欣喜若狂。

我們喜歡一個人，就巴不得什麼都告訴他，亦希望他願意傾聽，並且記得我們說過的話。

我們也會自作多情，當他問得多一點，就覺得他也對我有意思了。但其實他對每個人都是如此，只是我們一廂情願的認為他對自己特別好。

我們總以為，愛上的人也同樣愛上自己，在心理學上叫Projection（投射）。其他情況是，你以為某人很討厭你，其實是因為你先討厭他。

我當然希望我喜歡的人，知道多一點關於我的事，可是我也會控制自己，可能我對自己信心不大，總覺得他未必有興趣知道。

不過，如果他問你，你不妨說得詳盡一點，可能令他更了解你，欣賞到你的優點。

對，我們總想在暗戀者面前表現自己，但事實上他又是否在乎呢？或者在他心目中並沒有你。

如果他老是記不起你提供過的資料，那也不用抱太大希望了。

網友的話不可信

網路上寫什麼，是不用負責的。

看到兩張照片，戲謔地呈現著網路上和現實中的人們：一張是張牙舞爪的老虎，另一張是膽小的小貓。

其實，就算不是網路上，現實中也有很多人喜歡大吹法螺，聽完你可一笑置之，不必認真，不必追問詳情。很多人講話都是胡謅的：我想明天買架私人飛機，我想明年讀兩個博士……事實上他是否真有能力？

也有很多人，說跟某位名人很相熟，但可能那名人根本不記得他。

網路呢，是滿足人們空中樓閣的地方，把自己說得天下無敵，只因大家都不認識你，所以你把自己吹噓得如何厲害，也沒有人識破。

有時我會看自己參加的瑜伽學校的討論區，有些網友對一些導師的批評，根本是無中生有。

像有一個導師，是混血兒，英語和廣東話都說得很流利。有網友說她的廣東話不靈光，鬧出不少笑話，但其實是網友扭曲了事實；又指她經常遲到早退，但我每個星期上她的課，她最多偶爾早五分鐘下課，卻是從不遲到的。

在飲食討論區上，我一見有網友大肆批評某餐廳的服務，我就故意去光顧看看，我要證明網友說的是假話，或是其服務真的未盡理想，但他們也只是把問題誇大了。

多次經驗下來，我發覺網友的批評大多言過其實，所以，我現在只會看他們拍下的食物照片和報上的價錢，看看自己是否有興趣。至於評語，我是不大理會的。

不論平日或網上，我要肯定自己的資料正確，我才會說出來，如果我不肯定，我會補一句「好像是」或「不肯定，你再問清楚吧」。

有回我等公車，有大陸遊客問我附近有沒有嬰兒用品的公司，我說不知道，

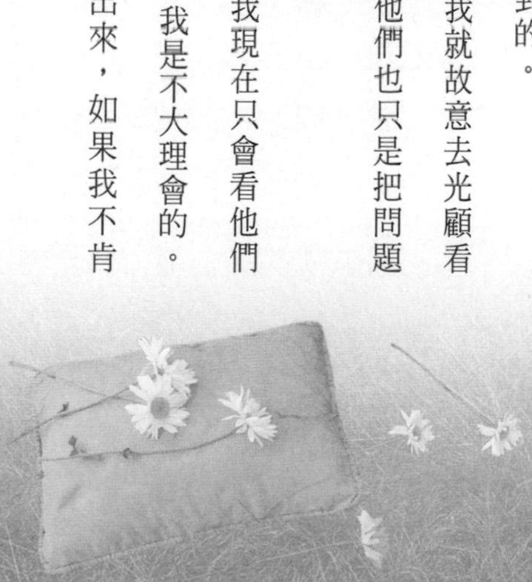

但她一定要我回答，於是我只好說可能某個商場有。之後我就很不自在了，因為我不確實是否真的有，我害怕她撲個空。所以一回到家就立即查詢那商場的網頁，直到確認真有一間嬰兒用品店，我才放了心。

如果路人向我問路，我不肯定那地方在哪裡，我絕不會胡亂指點他的，我會坦白說：「不好意思，我不知道。」

總之，網友說的話不能盡信，很多人喜歡以訛傳訛。可能做人真的太悶，所以要在網上發揮創作天分，是否會誤導人家他們並不在乎，反正沒人會找他們算帳的。

雙重標準

我被前男友諷刺過，既有潔癖，卻又喜歡玩化妝品的產品樣本，不知多少人碰過了，我也不覺得骯髒。

雙重標準很常見。

最佳例子是減肥。很多女人，喝奶茶要少糖，卻又天天吃冰淇淋，大塊大塊的蛋糕往嘴裡塞。究竟是冰奶茶的十毫升糖水多一點，還是冰淇淋的糖分多一點？

也有些人不敢吃白飯，卻又大魚大肉，煎炸炒樣樣齊。一塊肥牛的卡路里，已勝過一碗飯不知多少了。

一個朋友說沒時間見你，也是因為他不想見你。說沒時間做一件事，也是因為興趣不夠。說沒錢買一樣東西，也是因為不太渴望。

沒時間跟甲談戀愛，卻有時間陪乙，也是因為愛乙多於甲。

我大學畢業後，有同學移民外地，跟其他同學都有吃飯，就是沒時間見我，我就知道自己在她心目中的地位。

其他雙重標準的例子：同一件事，自己可以做，別人做就罪大惡極。

自己可以無所事事遊手好閒，人家就要同時幹兩份工作。

自己可以憎恨這個那個，人家只有一個仇人也是小器。

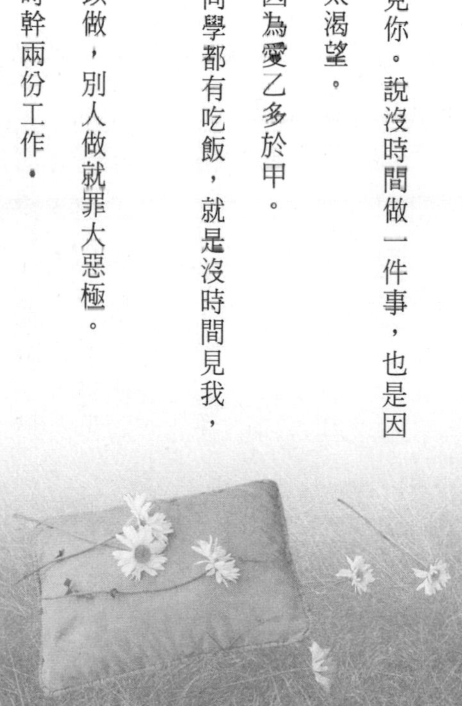

自己可以買很多不必要的奢侈品，人家穿得好一點也是罪過。

我教過國小，小孩子很重視公平，例如兩個同學犯同一過錯，我們做老師的，對兩人的懲罰要一樣。而如果父母對兩個子女賞罰不一，則會影響被忽略的那個孩子的心理成長，並且破壞兩個孩子之間的感情。

雙重標準也是自欺欺人的行為。當事人總是理直氣壯說自己沒錯，總有好像合理的理由解釋，卻被局外人一語道破。

我們既要愛人，也要愛自己，而通常雙重標準，都會傷害到其中一方。實在要不得。

殘忍

有次在醫院聽到一個女病人說：「在街上見到智障人士，我不會看他，覺得太殘忍了。」

我也一樣。

有時見到殘廢的乞丐，我也不忍看。我見過有幾個路人，駐足看著一個沒有雙臂的乞丐，但又不是要給錢，不知到底看些什麼。

殘忍的新聞報道，我也不會看。

曾有一宗謀殺案，有個女子被幾個人虐待至死，然後把屍體塞進一個巨型 Hello Kitty 玩具裡。

我朋友說很喜歡看報紙的詳細描述、看死者如何被戲弄。於是我知道，這個朋友心地不會好到哪裡。

有些青少年被同儕欺負、毒打的新聞，我一看到標題，就已經沒有閱讀的興趣，因為這會令我不舒服。

最怕看殘暴的電影，雖然知道是假的，但也令我惴惴不安。

看到別人難受，我也會難受；看到人家快樂，我也會很快樂。我希望人人都快樂。

又有一個朋友，當時尚未有悠遊卡，他說很喜歡看有些人急忙上公車，在車子搖搖晃晃的情況下掏零錢的狼狽樣。

有時坐公車，有乘客站著問我有沒有零錢，我也會先請他們坐下。

如果有人不方便，我會盡量令他方便。未搬家之前常常坐火車，常有乘客不知道有扇門是不開啟的，會走到那邊等下車，我總會站起來告訴他們，免得他們白等；又，經常有乘客不知道開啟車廂之間的門，需要按一個開門鈕，用盡氣力也打不開門，我也會站起來幫他們。

每當有意外發生，我第一件想知道的，是有沒有人死亡，如果沒有的話，我會鬆一口氣。

唸國中時，有個社會科老師說過，有些人會喜歡社會偶爾發生一些事情（當然是不好的事）來刺激一下。我是完全不明白的，天下太平豈不是最好嗎？這是我無論如何都不會用言語傷害他人的原因，因為我覺得好殘忍。

悶

你是否覺得，做人也很悶的？

每天做著差不多的事，見差不多的人，說差不多的話。

做愛也很悶的，結婚後，一輩子只有一個性伴侶，做著差不多的動作。

有男作家說，為什麼男人結了婚要劈腿？因為若一生只跟老婆做愛，就好像一輩子只准吃一碟菜那樣，你說是不是悶死人呢？

所以，如果你的人生經歷過大起大落，十年低潮，突然一切化為烏有，經過多年折騰之後又東山再起，否極泰來，也未嘗不是好事。

我有些朋友，當然或許他們有很多煩惱沒告訴我，但我覺得他們的人生味同嚼蠟。

公式般的唸書、畢業、工作，營營役役就一輩子了，沒受過重大打擊，沒失

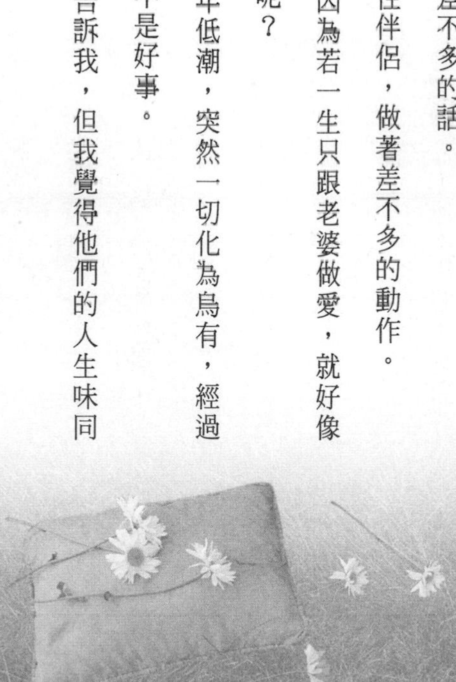

戀過（其實是沒戀愛過），沒嘗過長期失業，身體正常，家庭背景正常，三句話便可說完一生的故事。每天不是上班就是吃飯、看電視、睡覺。

雖然，很多人的一生都是這樣過了，可是，我們也不必弄得自己情海翻波，或像坐雲霄飛車一樣的生活。只是，如果你有很多大部分人都沒嘗過的經驗，也是福氣。

名人專訪，為何這樣吸引人，正是因為他有非一般的人生——家道中落，連自己的父親都沒見過，破產，鬱鬱不得志，多年失業，悲戀，離婚三次——有這樣的人生，才會感觸良多，才能說出發人心省的哲理。

一個事事順遂，什麼都有人幫他安排好，沒有過去的人，他不懂苦與樂的分別，對苦盡甘來、失而復得的感覺，沒有深切的體會。

你會發覺，跟一個閱歷豐富的人聊天，會有無盡的話題，你說什麼他都明白，就好像找到知音。他真正嘗過喜怒哀樂，他遭遇過失望、絕望、徬徨、恐懼、寂寞、委屈、患得患失、痛徹心扉、狂喜、欣慰……他像一個出色的演員，什麼表情都做得到。

我有個朋友，連什麼叫「自尊心」都不明白。因她每次跟我吃飯都要請客，有時甚至沒有原因。我很不滿，說：「你每次都幫我付錢，你會傷害到我的自尊心的！」她做了一個不明所以的表情，令人洩氣。

老生常談，失去過才曉得那樣東西的可貴。

有些人就是從沒失去過。

我不少朋友都是從沒失業過的，於是他們抱怨上班，抱怨工作辛苦，然而他們不知道，有穩定工作，有固定收入，能夠自給自足，還可以養活家人，是多麼幸福呢！

因我身體虛弱，所以我特別愛惜自己的身體，注重營養，定期做運動。我有一些朋友，從來沒病過，很放縱自己，喜歡吃什麼便吃什麼，不理膽固醇，每頓飯都是高卡路里，又瘋狂吃冰淇淋，卻又不做運動，我都替他們捏一把冷汗。

到你八十歲，有什麼可以跟孫兒分享呢？你寧願說：「我的人生就是工作和

吃喝拉撒睡。」還是希望有很多生活經驗，有很多例子，以自己過往的經驗去鼓勵下一輩呢？

懶惰

有次跟某朋友說到我們一個共同朋友，他說：「他做人也很懶惰的。」這種懶惰，不是遊手好閒、好逸惡勞、做事馬虎、不思進取，而是什麼都無所謂，什麼都不在乎。

例如生病了不戒口，老闆欠薪三個月又不追討，女朋友被搶卻又拱手相讓。這種人是真正的灑脫，順其自然，不緊張、不憂慮、不徬徨，患癌的機會最小，也最能長春不老。

我也不例外，我做人一樣很懶惰。

例如手機響了不接。

有時在商店正拿起一件商品專心看，這時手機響了，如果要跟手機鬥快，怕趕不上接電話，便要在凌亂的包包裡找，真是受罪。我寧願之後再看是誰找我，反正有來電顯示。

現在很多人心不在焉，連收銀員也常忘了給收據。我也算了，不會問他。

到酒店做按摩，按摩師問我要哪種精油，她說了幾個名稱，我隨便挑一款，也不用聞。

旅遊書介紹很多餐廳，但我總是在當地隨便挑一間。

有次跟媽媽一起到超市買水果，她把龍眼挑了又挑，我說我每次都是隨便拿一盒的，何必這樣認真？有些太太，買食物要挑最新鮮的，對到期日也是確認再三，我通常也不看日期的。

朋友的想法有些錯誤，例如她說陰天不用塗防曬乳，我也不會糾正她。

曾有朋友大談國中畢業前兩年被同學排斥，好慘。不過我卻沒告訴他自己被排斥了十一年的慘痛經歷，可能我有太多獨處時間，所以習慣了不說話，即使在

有需要的時候。

現在很多地方都有集點活動，店員給我點數，我沒在集點的，也懶得說不用。現在我已不及以前環保，以前拿到這些集點券，我還會退回去，那時他們都覺得很奇怪，我說我不想浪費。現在則是無所謂了，最多拿去丟廢紙回收。

在超市付錢時，發覺螢幕上的價錢比標示的貴，我也不出聲，因為不想阻礙後面的顧客。

對保養品過敏，也不退換了，扔掉便算。

做人最好盡量簡化，花多些時間享受良辰美景，輕輕鬆鬆的生活。

吃得飽是不夠的

很多年前，一個女網友寫道：「我十幾歲那次失戀，只哭了三天。我心想，我吃得飽穿得暖，還有什麼理由要不開心？」

好像很看得開。

或許有些人比較實際，總是覺得最要緊是有錢，生活無虞，有食物吃，有衣服蔽體，那已經很幸福了，其他的問題統統不是問題。

所以，要是你抱怨的跟經濟沒關係，例如失戀、被侮辱、被責罵、被出賣等，有些人甚至不會同情你的。

為什麼憂鬱症患者不及癌症病人那麼令人重視？因為憂鬱是不會痛的，人們總是忽略精神方面的痛楚。

而憂鬱症病人最委屈的，就是常被誤以為不知足。

有些病人很富有，她們可能是一些有錢太太，是什麼都不缺乏的人，但仍不快樂。於是身旁的人就會批評說：「你什麼都有了，你還不滿足？我們這些天天營營役役的人，豈非要買條麻繩自盡？你已經很好了，不用上班又有那麼多錢花，連大眾運輸工具也沾不上邊。」

然而他們不明白，患者的不快樂，並非與生活條件有關。因為這個病，令他

們憂來無方，常常覺得很累，做事提不起勁，凡事都從負面去看，對將來絕望，於是就不開心了。

至於何謂足夠，是不是吃得飽穿得暖，就不該再抱怨呢？

如果我們是一隻豬，只要有飯吃，有地方睡覺，那已經很足夠了。可是我們是人，人是有精神需要的。

心理學家 Maslow 的「金字塔理論」（需求層次理論）有五個層次，指出人類有五種需求：生理需求、安全需求、社交需求、尊重需求和自我實現需求。

很多人只想到第一層次的「生理需求」，就是只在乎吃得飽穿得暖，可是他們想得太簡單了，還有更深入的層次。

我強調的精神需要，就是屬於第三層次的「社交需求」，這包括愛情、友情和親情。所以，當有人哭訴沒有愛人，沒有朋友，與家人不和，很是寂寞，你不要來一個當頭棒喝：「你有那麼多錢還不滿足？」只想到經濟條件的人，也實在太膚淺了。

至於尊重需求，也就是別人對自己的認可。為什麼有些人那麼重視臉書有多少人對自己貼的東西按「讚」？只因為這也是人類的基本需要之一，千萬別嘲笑他們。

我有朋友說，要是經濟方面沒問題，那已經很好了。

我同意，金錢是很重要的一環，財富帶給我們安全感，但是不是代表其他方面就不重要呢？

有些人不同情你的苦況，是因為你缺乏的東西他不缺乏，又或是他不需要，於是他不能站在你的角度想。

所以，訴苦真該選擇適合的對象，否則對方只會問你「何不食肉糜」。

不說不代表不存在

幾年前我在教鋼琴。某次跟舊同學碰面，她問我：「以前唸國中時也沒聽你

說你懂彈鋼琴啊？」我答：「那我也不會無端端說自己有學鋼琴呀！」

在我讀書那個年代，不是很多同學有學鋼琴，那時候被視為奢侈品，所以有學琴的同學是受到尊重和被羨慕的，我們都會知道誰有學琴。

有些人，就是什麼都要告訴人家。我有個同學，父親賣魚翅，家裡很有錢，她總是到處宣揚，連襪子是羊毛的、在哪買的、幾元一雙，也要拿出來炫耀。

家境富裕，有房有車，父母學歷高等威風的事，也不用到處講的，自己知道就可以了，除非是極度自卑的人。

作家林燕妮說，她弟弟林振強也是個不愛說話的人，他得了獎，她也是從電視頒獎典禮看到的，他不會自己說出來。

很多人，就是以為人家沒有說的，就沒有。

我有個長輩，見鄰居衣著樸素，就瞧不起她，以為她很窮，但其實那太太是有房子的包租婆。

人家沒說自己享受什麼，我們總是以為他沒錢。人家沒說自己的成就，我們又以為他很平凡。

謙遜的人，不會大談自己的成功，人家沒問起，他便沒有提及，但這也不代表他一無是處。

像我，我出到第三本書，很多朋友都以為我仍然是自費出版的，因為我沒有強調「終於有出版社幫我出版了」這件事。我倒不是謙虛，而是沒有意欲，覺得沒需要，直到有人問我扣除成本之後有沒有收入時，我才解釋說那次不是自費的。

有些人很節儉，什麼都說貴，什麼都捨不得買，不是因為他沒錢，而是他把錢存起來，也可能用作投資。他不可能說「我雖然什麼都要省，但其實我很富有的」呀。

又有很多人，以為一個人不訴苦，就是沒有煩惱；只聽到他講開心的事，就以為他很快樂。然而不吐苦水也不代表沒有遠憂近慮的。

我在討論區聽過一個太太說，常常在親友面前跟丈夫扮恩愛，但其實他們的關係千瘡百孔。也有很多人總是在人前扮開心。

我們以為笑容滿臉的人一定無憂無慮，但人生在世怎麼可能沒有痛苦？豪門媳婦也有她的煩惱，不是金錢就可以解決所有問題的。

反過來說，朋友升了職、加了薪水、受上司重用、多了一張文憑、獲得獎項、找到新男友、苦盡甘來……這些都未必會主動告訴你的，我們不要一廂情願的以為人家停滯不前。

太老套了

有時老生常談真是教壞人的。

在哪裡跌倒，便要在哪裡爬起來。但有可能那個環境並不適合你，勉強站起來只會姿勢難看，不該強求；可能換個地方，換一群合作夥伴，更能爭回一口氣。

又云，人一定要有很多朋友，高朋滿座的人才有價值，才有好的品格，受歡迎的一定是個好人。

當然，朋友多的人，一定是個隨和、開朗、令人舒服的人，否則也不會有那麼多人願意接近他，但是，朋友少也未必不善良。

知己，兩三個已經很足夠，有些人的性格適合獨處，勉強過群體生活只會違反自然。

有精神科醫生朋友對我說過，憂鬱症患者不一定要多應酬，有些人性格容易激動，不宜有太多社交活動。那些說不開心就要多見人，多認識朋友，拓展生活圈子（這句話好老套）的人，也太無知了。

同一方法，並不適用於所有人，也得看個人性格和環境。

在我二十出頭的時候，我也以為不開心，跟朋友出來嘻嘻哈哈可以分散注意力，但我發覺這只是飲鴆止渴。如果你本來已經不開心，對著一群很開心的人，你不敢不笑，可強顏歡笑只會更辛苦。而你告訴人家你心情不好，那是沒有用的，人家沒責任陪你一起哭。

另一個老套，是仍然有很多女人覺得結婚是女人的終生幸福。

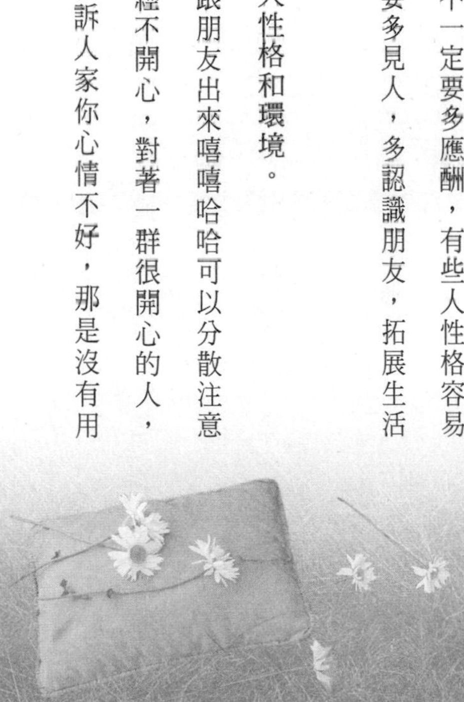

沒錯，嫁個大家有相近觀念、合得來、他又愛護你的老公，你亦可以隨時辭掉工作由他養你（雖然我主張女性經濟獨立），會很幸福。

只是，如果只是覺得自己三十歲了，一定要嫁人，成為敗犬便失掉面子，不適合也要隨便找個人嫁掉，就算跟現任男友有很多問題卻又擔心找不到其他對象，於是勉強嫁了，那只會比單身更不快樂。

女人應該讀書、畢業、工作、結婚、生子，這是世俗的模式，但同樣的，這條路並不適合所有人。

何謂幸福？衣食無虞，身體健康，出入平安，就是幸福了，如此簡單。

又說，同性戀就是不正常的。

我有心理學教授說過，異性戀跟同性戀，就像某些人喜歡吃橙，某些人喜歡吃蘋果，人人口味不同，沒所謂誰是誰非，鄙視同性戀者的人也太迂腐了。

還有人說，有煩惱，不要對父母說，免得讓他們擔心，只可跟朋友商量。但這也得看是什麼問題。有時父母不知道你的情況，確實可能會令他們更加擔心，但某些困難，可能父母比你的朋友們更有辦法幫你解決。

最要命的是「有志者事竟成」、「一分耕耘一分收穫」，或者你真的有才華，但地理環境和時代不適合你，堅持下去，只會有更大的挫敗感，換個目標可能從此一帆風順。

是的，活自己的人生。老生常談，就當耳邊風吧。

表達

可能我缺乏耐性，我很怕一些表達能力欠佳的人，我沒有耐心猜想他們的意思，要問很多「是不是這樣」的問題。

某天本來我已心情不好，有個朋友在MSN有工作上的煩惱問我意見，當時我剛巧要出門，她說：「我這麼大的一個人，我懂得自己解決了。」我知道她也是想給大家找台階下，於是建議不如稍後用簡訊再談。

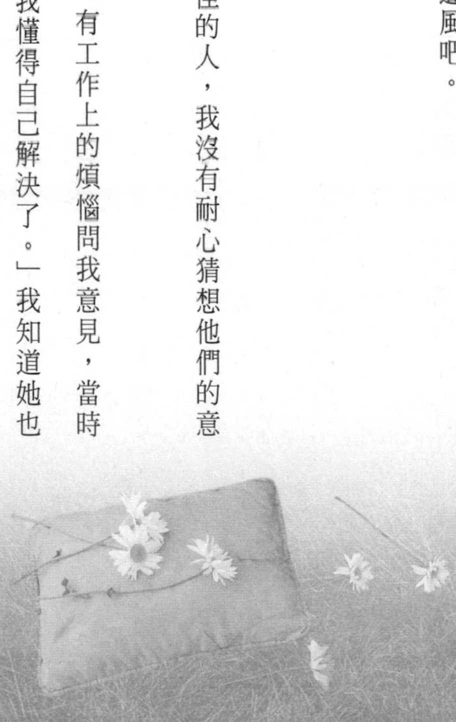

那時正值下班尖峰潮，我擠不進第一班列車，而我又趕著赴約，心情已很煩躁；再見到她不知想說什麼，東一塊，西一塊，沒有條理、敘事次序有點問題的文字，於是我不再繼續和她聊，在同一站出了站，坐上計程車。

我很少這樣無情的，我最喜歡做聆聽者，然而這次我真覺得太用力，看到這麼多不明所以的文字，必須重複多看幾次來消化，覺得很吃力，很累。

都市人不擅於猜燈謎，我們都講求效率，看書最好挑簡單明瞭的。古典文學的隱喻和象徵手法不適用於現在，我們生活太忙碌，私人時間太少，太多煩惱，太多雜念，沒有閒情思考。

我出版第一本書的時候，有朋友的評語是「直接明瞭」，當時我覺得不開心，因為這不是代表我的文章沒有藝術技巧嗎？後來覺得是好事，你寫得艱深晦澀，誰有興趣看呢？休閒書才是最暢銷的，而非文學作品。

我喜歡直接的人，直接不是指他可以得罪我，或無故批評我、傷我自尊，而是他的表達能力好，一針見血，不說廢話，我立刻明白他的意思，作出適當的反應，大家也開心。

為什麼有些牧師、教師、講師的演講很悶？是因為他們說話太累贅，表達含糊，沒有重點。表達能力是天生的，後天努力則要多看書，才可運用豐富的詞彙，並簡潔地組織句子。

夢想的職業

喜歡的工作，通常跟你的成長有關，例如你身邊從事這行業的人是否受你喜愛。

在我唸國中的時候，我問過一位我很尊敬的國文老師，問她為什麼要當教師，她答：「因為我國中時期有很多好老師。」

我唸國中時最喜歡英文課，遠勝中文，因為學校裡有太多優秀的英文老師，當然教中文的，如上述那位都很好。

我有想過在大學主修英文，也是因為英文老師們教得好，令我愛上這科目。

如果你對一個行業本來沒有什麼感覺，但有一個很討厭而又幹這工作的人在你面前出現，你會連這個行業都憎恨。

在我進大學之前，在郵局工作過很短的時間，我媽媽很喜歡我在那裡工作，因為她有幾個性格很好的男國中同學，都在郵局做事。

我第一份夢想的職業，是服裝設計師。在我國小時，我只認識一位很著名的時裝設計師叫劉培基，雖然我沒看過他的作品，不過不知怎地對他產生莫名的好感，或許女性還是喜歡以直覺判斷吧。

於是，我平日的愛好是在圖畫本上畫模特兒，設計時裝，還填上顏色。我記得我設計過一條不規則裙襬的裙子，長大後真的買了一條。

上了國中，遇上一個非常討厭、下流、沒愛心、常常無理取鬧，當眾諷刺我「可能聽不懂人話」的家政老師，自此我很抗拒縫衣服，見到縫衣機即想起她的猙獰面孔，所以打消了從事服裝設計的念頭。

我在八九十年代渡過我的國中生活，當時的樂壇百花齊放，有很多才華橫溢的作曲家和填詞人，那時候的音樂跟現在的有雲泥之別。我非常喜歡流行樂，不過我只是喜歡作曲。當時我只得約五次有作品在創作比賽中入圍，而出版的也只得黎瑞恩那半首歌，有些是唱片監製答應幫我出版，之後又改變主意的。當我寫歌的時候，覺得很吃力，很困難也寫不出滿意的作品，我就知道自己沒有天分了。

說起來，是因為其他創作人寫了很多動聽的旋律，我才對音樂創作產生興趣。

至於為什麼熱愛寫作，也是因為亦舒。

亦舒的小說，可能故事平淡，可能情節沒有什麼起伏，但卻有很多精采對白，對人情冷暖一針見血，還有很多偏激卻又很有道理的見解，更有鼓勵性和正面的哲理。她的文筆簡潔乾淨，雖然沒有華麗的詞藻，卻不矯揉造作，感情真摯，令人看得好舒服。而我寫作的時候覺得很順暢自然，好像耳旁有個人口述似的，甚至比說話更容易，所以我相信自己是有寫作天分的。

最幸福的人，是可以從事自己喜歡的行業。不少人為了穩定的收入，為了前

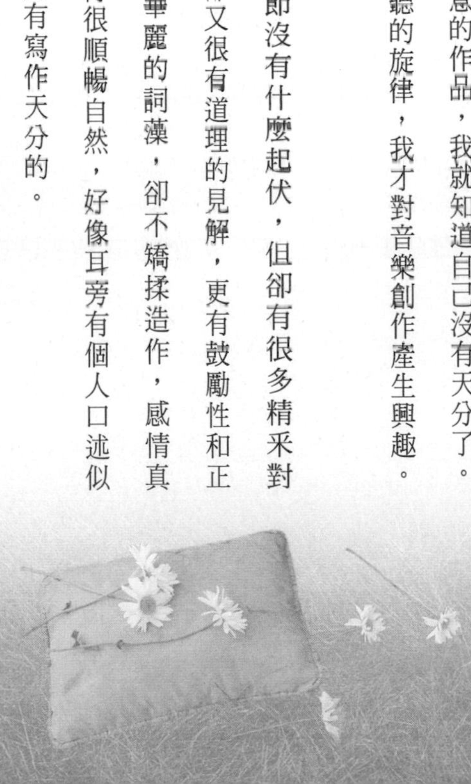

這樣的日子，挺好！

途，為了父母的期望，為了迎合社會標準，為了面子，而放棄自己的夢想，失去發揮才能的機會，那是很可惜的。

寬恕

你會寬恕傷害你的人嗎？

聖經教我們為仇人祈禱，有人掌摑你左邊臉，你要把右邊臉轉過來給他掌摑。雖然我信耶穌，但在這方面，我比較相信孔子的「以直報怨」。以直報怨，意思是用公正的態度來對待你的仇人。

我反對報復，因為不值得，你在計劃如何傷害他人的同時，你自己也死了很多腦細胞，而且傷害他人是不對的，他傷害你，你只要和他斷絕來往，忘記他整個人就是了。

我也反對憎恨仇人，因為這樣令自己痛苦。

不過，對你的敵人好？對你好的人，你對他好，對你壞的人，你也對他好，這是對有恩於你的人不公平的。

以德報怨？你以為討厭你的人會變成喜歡你嗎？你以為可以感動到他？對傷害你的人好，真的非常笨。

一個人討厭你，你怎樣對他好，他都不會欣賞。只有不討厭你的人，才會感激你的好。

以前做班主任，有個女同學很不喜歡我，那時候流行 ICQ，她在 info 裡寫了一些句子罵我，說不會唸好我那一科國文。她是寫給我看的，因為我們互相 add 了。

於是，我下課後請她出來走廊，和她聊天，我聽其他同學說她父母常常吵架，她很不開心，也想過割腕自殺，我想開解一下她，並察看她的手腕有沒有傷痕。對話中她只在聆聽，沒什麼反應，完畢後她一回教室，竟仰天哈哈大笑起來，那一刻我受到極大的傷害。

某些情況下，你可以寬恕。例如一個朋友曾經對你很差，但他長大了，他知道自己錯，向你道歉，那你應該寬恕他，和他做回朋友。

我有親人，曾經折磨我，令我有不愉快的童年。我媽媽常常勸我原諒他，其實我並不討厭他，過去的細節很多亦已忘記了，只是我一見到他，便覺得不舒服，陰影尚在，那我為什麼要辛苦自己呢？

有些人，他根本沒資格叫你原諒仇人，因為他自己不是受害人，不明白你的感受。最荒謬的，就是受害者的家屬原諒兇手。死者才有資格原諒兇手。

不用對仇人特別好，也不要對他太壞。作為教徒，多為對你好及沒有對你不好的人祈禱。

面子

愛面子的人，忍耐力也因此特別好。

很記得二十多年前，在屈臣氏，我和媽媽看到一個女服務員在樓梯跌倒，她又穿著高跟鞋，但她竟然可以立即站起來，像正常人一樣走路。我媽媽感慨說：「她怕丟臉，所以勉強忍痛啊，真為難了她！」

又約莫十年前，當時我還是國中老師，有個女同事在教職員室哭泣，大家紛紛問她什麼事，她說：「剛才我從很多級樓梯跌下來喔！」眾人都很關心她的傷勢，但她說：「不，我不是很痛，只是當時剛巧有一群學生走過，很多人都看到我跌倒，丟臉死了！」有同事還說看到她當時立刻站得筆直，儀態很是端莊，完全不像剛跌倒。

有一次我從外地搭飛機回國，尚有半小時飛機便降落了，有個外籍男乘客蹲下來，不斷說「好辛苦」、「救命」、「我求求你」，我估計他是耳朵不舒服，於是馬上有空姐上前協助他。

這就是西方人跟東方人的分別了，西方人比較不怕人家知道他的痛苦。

在美國，看精神科醫生是很普通的事，就像傷風感冒一樣那麼平常，可是我

們呢？還是有很多人諱疾忌醫的。如果讓朋友知道自己看精神科，他們會怎樣看自己呢？統統當我是瘋子？

我看到一個女作家在微博說，很多女人全身名牌，衣冠楚楚，可是胸罩卻發黃，內褲殘舊不堪。人家看得見的我們都很認真，人家看不見我們就很邋遢了。

有些年輕的新人辦喜宴，為了保護鯊魚，想刪去魚翅這菜式，卻遭父母反對，覺得不體面，我覺得他們的思想很老套。

唸大學時，我的同學暗戀一個教授。有次我們約他一起吃晚飯。我同學她自己沒有鑽飾，便問人借了一套鑽石耳環、項鍊和指環等，珠光寶氣的去見教授。如果教授會因為她一身名貴首飾而對她「另眼相看」，那這個男人不要也罷。

戴鑽石，用名牌，如果是為了美感，為了實用，為了讓自己高興，為了感覺舒服，而自己又負擔得起，這也無可厚非，可是若為了炫耀，為了惹人眼紅的話，這種心理就很幼稚了。

又有些要面子的人，明明很不開心，卻要扮開心，這樣也很痛苦。

如果為了害怕親友擔心而收藏情緒，這也情有可原。

通常一個真正開心的人，不會開口閉口說「我很開心」，他的快樂，你可以從他的神情和說話語氣看出來（演技精湛的另作別論）；同樣的，如果真的沒有不開心，也不會常常說「我沒有不開心」、「我不介意」、「no hard feelings」了。

其實不開心又是否很羞恥？人有情緒起伏是正常不過的事，只是當你一表現得不開心，眾人的反應會令你更加不開心。

面子，其中一個意思也是他人的看法。

富商要娶個漂亮老婆才有面子，岳母要有個事業有成、腰纏萬貫的女婿才有面子。

小心顧了面子，傷了裡子。人，還是活得自己開心比較要緊啊。

藝術家脾氣

有些人被指稱有藝術家脾氣便沾沾自喜，只是，藝術家脾氣跟藝術天分是兩回事，有藝術家脾氣的人，不一定有才華；同樣的，才華蓋世的人，也未必有藝術家脾氣。

藝術家脾氣是一個貶義詞，意指任性、為所欲為、口不擇言、不守規矩、自私、不修邊幅、喜怒形於色、沒修養、性生活隨便、孤僻。

有才華的藝術家，吸引別人注意的是藝術成就，而不是故意與眾不同，譁眾取寵，沒有禮貌，以「我是藝術家」作盾牌。

剛考進音樂系，有朋友問我：「你們的教授，是不是都是不洗頭不洗澡的？」他也是說笑罷了。

在藝術方面，因我只接觸過不少鋼琴家、作曲家，其他藝術工作者如何，則不得而知。但我發覺他們都很整潔，有用心修飾自己，服飾不一定名貴，可是卻得體。

或者，才華橫溢的藝術家，覺得自己就算任性，但因為有才氣，全世界都會包容他們吧。

我比較尊重有才情，卻也平易近人的藝術家。

藝術家脾氣者的討厭之處，就是他們不理他人的感受，做些不負責任的行為。世界之所以不和平，就是自私的人太多。如果人人都能多想想，考慮到這樣做會令人不舒服，那樣做又會引起人家不便，己所不欲勿施於人，這世上就不會有罪惡。

為什麼做一個理性的人會這樣辛苦？是因為要做很多不願意做的事，或許是為了責任，又或是為了生計；而上述的藝術家，凡是會令自己不舒服的事就不幹，想到什麼便說什麼，想罵人便罵人，對不適合的人說不適合的話，你說他們對別人的傷害有多大呢。

我不怕跟藝術家談戀愛，最怕跟有藝術家脾氣的人相處，我會覺得好委屈，戰戰兢兢，如履薄冰，這一秒他哈哈大笑，但不知什麼時候，他的情緒會來個一百八十度大轉變，突然對我咆哮。

他們也是一種怪人，剛剛才罵完你，不久又可以輕鬆的哼起歌來。

女性有英雄崇拜，也未嘗不是好事，嫁個醫生，可能比嫁個「藝術家」幸福。

各種性格

國小某一年，班主任在我的成績單上寫下如此評語：沉靜怕事，稍欠活潑。

那個中年太太，在家長日直接對我媽媽表示，她不滿意我不夠活潑。

小孩子一定要活潑？不活潑就是不乖？

那時候我也曾自責過，為什麼我不能像其他同學那樣蹦蹦跳，笑容滿臉？

後來當我長大後，有了獨立思想，我明白有些性格特徵，並沒有好與壞之分。

性格除了遺傳以外，也受環境影響，當然某些不好的性格，我們不能推說是受不愉快童年影響，只要有心，一些缺點是可以改善的。

只是，世俗眼光普遍認為某些是好性格，某些是壞性格。

例如健談、外向、活躍、交遊廣闊就是好的；文靜、內向、含蓄、喜歡獨處就是不好的。

在我國中那個年代，人們覺得唸科學的人比唸文學的強，其實一樣沒所謂強與弱。

醫生、律師等專業人士就是能幹，幹藝術的就是沒出息；收入高的就是事業有成，貧窮就是潦倒。

很多人害怕人家知道他沒有朋友，覺得朋友少一定是他本身有問題。但我有個只懂利用別人、心腸很壞的同學，卻也高朋滿座；相反的，我也認識一些很善良的女孩子，朋友很少，只是因為她們太內向，不擅交際，但其實她們是很隨

和的。

還有，有些女人也以單身為恥，把「單身」和「不夠格」劃上等號，沒有結婚就一定是沒有人要——我想，是人們的邏輯有點問題。

又有些人覺得，節儉或吝嗇的人就一定是因為貧窮，但根據我親友的例子得知，有錢人也一樣可以很吝嗇的。

又指慷慨是好性格，我想大家也聽過一個聖經故事：一個富翁捐了很多錢，眾人都說他慷慨，一個窮人捐得很少，人們又說他吝嗇，但耶穌就在身家比例上指出，其實是捐得極少那個窮人更慷慨。

一個人的性格是好是壞，也要看客觀條件。

例如兩個失戀的女人，兩個都很自愛的如常工作，從痛苦中爬起來，一個有足夠的社交支援，得到很多關心，另一個舉目無親，全然靠自己。那是後者比較堅強。

性格好壞也跟當地文化有關，例如華人接受不了自吹自擂，但美國卻很講求自信，日本也是最自信滿滿的民族。

不論你性格如何，都該欣賞自己，不要受別人的批評影響，而只要你有「愛人如己」這一種性格，已贏得很多分數了。

走運與倒楣

是有氣色這回事的。

開心的人，氣色特別好，神采飛揚，不說話的時候也不自覺的微笑著，聲音清脆，語調輕快，步伐輕盈。

不開心的人，因為外憂內患，雙目無神，聲線低沉，說話速度慢，動作也緩慢。

皮膚也受情緒影響。戀愛中的女人，皮膚特別有光澤，所以有些熟女，再度戀愛後變得年輕；相反的，壞情緒令皮膚暗啞，未過四十歲的話還可能會長痘痘。

當一個人失意，因為缺乏自信，表情欠奉，老是木著一張臉，不笑也不哭。

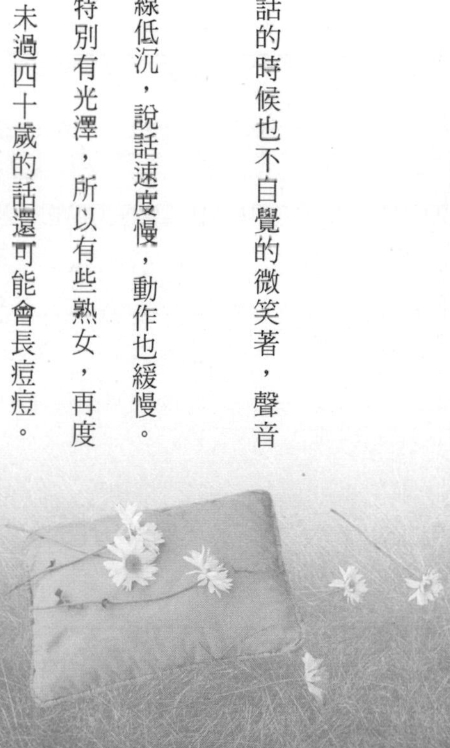

我有一個長輩，說我的雙眼可以很漂亮，只是因為我長期不快樂，所以變得憔悴。

際遇真可以改變樣貌的，為什麼人們說走紅的明星特別漂亮，因為事業如日中天，喜上眉梢，春風得意，笑容燦爛，眼睛明亮。

哀傷會令人呆滯，反應遲鈍，接收能力轉弱，他的大腦好像跟四肢不協調，而不理解的人卻以為他做事不認真，但其實是他力不從心。

開朗的人好像有無窮的精力，有些人長期缺乏睡眠，也精神奕奕，是因為他開心，令他精力充沛。

熬過人生低潮的人會明白，低潮時這個世界會變成灰色，連說話都覺得吃力，一天睡十多個小時仍然累得發昏，對什麼都沒有興趣。

沒自信的人，說話時眼神不夠堅定，好像沒有焦點，語調也平板。在我唸國中的時候，我最要好的同學取笑我，在課上回答老師的問題時，嘴巴好像不用張開似的，那就是因為我自卑，我連大聲一點說話都不敢。

而從一個人的說話，你也可以知道他在走運還是倒楣。

倒楣中的人，牢騷特別多，他什麼都看不順眼，全世界都對他不起，他有很多仇人，他對所有朋友都不滿，又常常提著什麼人得罪過他，重複又重複。他只看到世界不好的面。

若是得意呢，他會很欣賞周遭的人與事，他覺得很多人都是好人，他的話充滿讚美，他比一般人說得多「謝謝」。他很容易笑，即使你只說了一句不算太幽默的話。

到了一定年紀，就算不是堪輿學家也懂得看相，一個人快樂與否，看他一眼已知道。

養尊處優

有次跟兩個國中同學吃飯，我們談到一位英文老師，其中一個說：「她看上

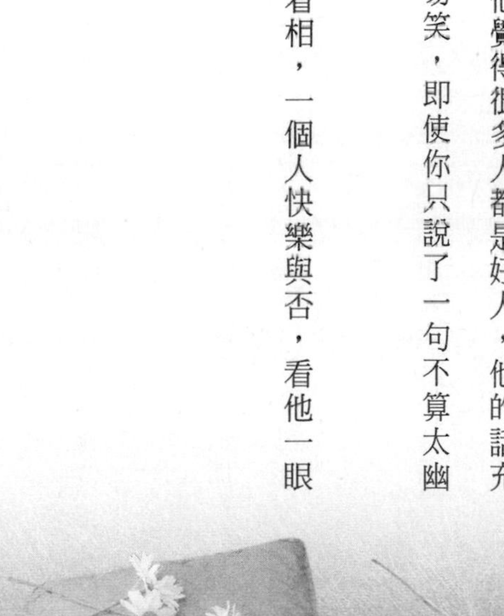

去就是養尊處優的樣子，教書也是為了消磨時間而已。」

養尊處優的人，是什麼樣子的？

幾年前，我很喜歡逛街，頻繁到在街上看到女性路人的衣服就會知道是哪個牌子。

有一天，走進日本名牌「Tsumori Chisato」，留意到一個懷孕的女顧客，她那從容的態度，不慌不忙的舉止，不自覺的微笑，令我覺得她是一個不用工作的有錢太太。

當然，實際情況不得而知，可能她也是職業婦女，但一定不用為生活苦苦掙扎，幹體力應付不來的超時工作。

養尊處優的女人，因為生活悠閒，不用看上司同事臉色，不用受氣，有一種獨特的氣質。若再加上涵養工夫、學識及豐富閱歷，以及藝術方面的培養，就更加如虎添翼。

這種女人，那緩慢的動作，不是因為遲純，而是悠閒。

現代社會節奏急速，凡事講求效率，那些收銀員，包裝、收款、找錢的動作都是條件反射的，已到達麻木的反應，她們也可能不知道自己在做什麼，只是每天重複的動作。

那些貴婦，是下人等她們，而不是要她們等，那她們又有什麼理由要趕時間？於是做什麼也是慢條斯理的。

沒有做事的女人，如果沒有慘痛經歷，沒受過打擊，沒有烙印，她們的樣子會比實際年齡年輕二十歲。

最佳的保養品是睡眠。有部電影的女主角在戲中說：「自然醒才會皮膚好。」沒工作的女人，睡夠了才起床，生活沒有壓力，不用準時六點起床，大清早去擠捷運，忍受勞苦大眾的汗臭體臭，不傷元氣，又怎會老呢？

養尊處優的人，是不可以跟為生活出賣自尊消耗青春的人做朋友的，他們道盡工作辛酸史，半夜才下班，老闆要求不合理工作，客人耍威風……，這些太太們可要怎麼回應呢？一不小心就變成講風涼話了。

是不是每個人都一定要工作？我倒覺得人人都要對社會有貢獻，但貢獻也不一定來自工作，有什麼便付出什麼吧。

價錢太重要了

記得有個國中同學說，她跟媽媽一起買衣服，看上一條牛仔褲，喜歡，於是試穿，準備付款時，才知道很昂貴，但因為實在太喜歡太適合了，也只好買下。

我很不明白她的購物順序。

從小到大，我逛街時看到喜歡的產品，第一件事是看看多少錢，負擔得起的話，我才會試，才會研究它的用法，看看出產地等。莫非因為我窮？或許人家有能力買下這世上的一切，所以不用看標價吧。

現在，凡是一萬元以上的衣服，我一概不會考慮，美又怎樣？我良心過不去。萬多元，差不多是台北－香港三天兩夜的價錢，買一件衣裳？也太過份吧！

什麼情況我不用問價錢？例如買保養品，對某個牌子有一個概念，約莫知道一支洗面乳是一千多塊，那麼化妝水也不會貴至二千塊，所以可以直接付款，店員說多少便給她多少。

不知是否我太介意人家怎樣看，有些勉強算是名店的服裝店，店員亦步亦趨，有時我想看看標價，但左掏右掏，老是找不到。你知道，有些標價在領口，有些在左腰，那麼被人監視著，知道我在乎價錢，會好令人尷尬呢。

其實，就算我是李嘉誠、是郭台銘，我也有權、有需要知道多少錢呀。我有錢也不代表人家可以侮辱我的智慧，例如一杯清水不可能值三百塊，那我也不能做傻子白白受騙。

買衣服，除了價錢之外，我很重視是否可以濕洗。

夏季的衣服難免總要時常替換，那我便要認真考慮，因為穿一次便要花幾百元來乾洗，既麻煩又不划算。當然，如果不是絲質，有些棉質混和雜質的，雖然標籤也叫人乾洗，但我曾冒險濕洗，把洗衣機調校至輕柔配方其實也沒事。

許多女人，她們的問題是沒有金錢概念，把價錢看成一個數字，而忘記了那是真金白銀。

有時這裡省幾百，那裡省幾百，一個月便可省回一萬元了。

這裡寬一點，那裡寬一點，一個月便多花了很多冤枉錢。我們要為自己的晚年著想。年輕時少點物質享受不要緊，老了就最好可以住私人醫院，有專人服侍，可以坐計程車，老得有尊嚴。

錢與尊嚴

我花錢的原則是：能夠買到尊嚴的才是值得花的，如果與尊嚴無關，就可以儉樸一點。

例如，買名牌包包、經常換智慧手機，那是買不到尊嚴的，只買到面子，面子有屁用？我要人家看得起我，也不一定靠財富，所以在這方面我很吝嗇，有需要才換手機，包包我寧願買普通牌子而又好看的。

有時我會吃兩塊麵包當一頓飯，貪其方便，而吃得飽也有尊嚴，既不是吃垃圾，也不是吃人家吃剩的東西。我討厭吃垃圾食物，極抗拒方便麵，因為卡路里高，又沒有營養。

很多人捨得買幾萬塊的奢侈品，卻為了節省幾百元，去擠捷運、擠公車，搭長途飛機又肯坐經濟艙。他們不肯花錢在「行」那方面。

一雙鞋子，可能幾千元，甚至一千元已經很舒適，已讓我覺得自己是一個人，受到尊重。所以我不會花幾萬元買一雙名牌鞋子。

同樣的，二千元已經可以買到很美麗的衣服，一萬元的也不見得特別舒適，有些日本製的衣服，幾千多元已經有很好的質地，普通品牌已可以令我很整潔，我已能尊重到自己。

可是，你要我去擠公車，跟很多很髒的人零距離，吸著他們的體臭汗臭，那就會拿走我的自尊了。

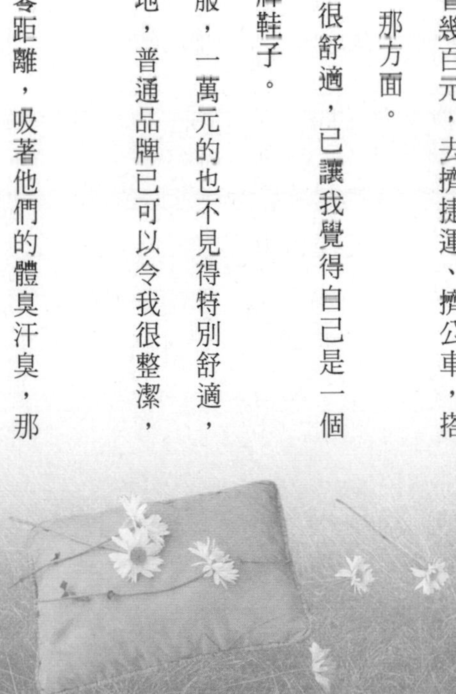

我很重視隱私和私人空間。

我很怕一些餐廳，兩張桌子之間只有一條小間隙，那麼我要被逼著聆聽旁邊顧客的談話內容，我自己也不舒服。

通常，凡是桌子與桌子之間有足夠距離的餐廳，都收費昂貴，然而我認為是值得的。如果那段日子我消費太多，那我寧願在家裡做飯，或是吃烏龍麵。

總之，最不值得買昂貴的保養品、昂貴的衣服鞋子、昂貴的飾物，買所有昂貴的身外物。金錢應該用來買尊嚴、買隱私、買私人空間、買乾淨、買舒適，而不是買虛榮心。

奇怪，在兩年前我還很喜歡購物，而現在家裡的雜物卻愈來愈少。最過癮的是扔掉東西，最不喜歡加添物品。

對自己好一點

很多年前，一位女作家寫道：「我住酒店，一定要住最貴最好的，進房後一覺得不舒服，就會立即要求換房。」

當時我立刻想到，難道不用考慮價錢嗎？

那時覺得她很任性，可是現在覺得，如果自己負擔得起的話，為什麼要薄待自己呢？

看一位美國牧師所寫的書，她說，當看上兩件貨品，甲比乙貴，但既然自己比較喜歡甲，為什麼不挑甲呢？自己又不是買不起。

如果要負債來買自己能力範圍以外的東西當然不對，但我們應該對自己好一點。我們不能控制人家怎樣對待我們，但我們可以愛自己。

例如你月入十萬元，你每月設定二萬用作儲蓄，那餘下的八萬元就可以用盡了。當然，用不盡也不用勉強花光它，那個月儲蓄多一點也是好事，但不用委屈自己。

有些人，尤其是男人，明明已賺很多錢，明明已有天文數字儲蓄，但仍然什麼都要最便宜的，那樣便很小家子氣了。

其實，錢不是愈花得少愈好，也不是愈花得多便愈有型，而是要花得有智慧。

例如一些家庭用品，我贊成買耐用一點的，有些便宜的很快便壞了又要買新的，那可能會花更多錢，也不環保。

又例如身體不適，就不要再擠捷運了，可以偶爾坐一次計程車。

有些人會看不得人家過奢華生活，尤其女人與女人之間，對於自己的生活享受最好低調一點，不是什麼都可以分享的。

如果有儲蓄，有做善事，有穩定收入，我們有權提高自己的生活水準呀！難道富豪非得搭公車才是正確的生活方式嗎？

只是，如果自己經濟條件不是很好，就要降低要求了，或者某些方面寬一點，某些方面省一點，以取得平衡。

為什麼作家會自殺？

聽說作家是最多人自殺的行業之一。

為什麼？

我想，這與作家的性格有關。

作家大都多愁善感、感觸良多，太開朗的人不適合做作家，沒腦子、思想簡單的人，也不會是一個能夠感動讀者的作家。

生活太過順意的人，經歷不足，也沒有足夠的寫作題材，他不明白什麼叫痛苦，他不知道什麼叫打擊煎熬。文窮而後工，成功的作家，多是經歷過人生低潮的，不過這也代表作家都曾非常不快樂。

不快樂，是導致自殺的主要原因。

作家多數有好記憶力，這包括記仇，記不愉快往事，那又怎會快樂？

作家是個寂寞的行業，沒有同事，每天孤獨的寫寫寫，而令部分作家憂鬱。

作家的工作是思考，不喜歡思考哪想得到題材？想得太多，分析得太詳盡，也是煩惱的根源。

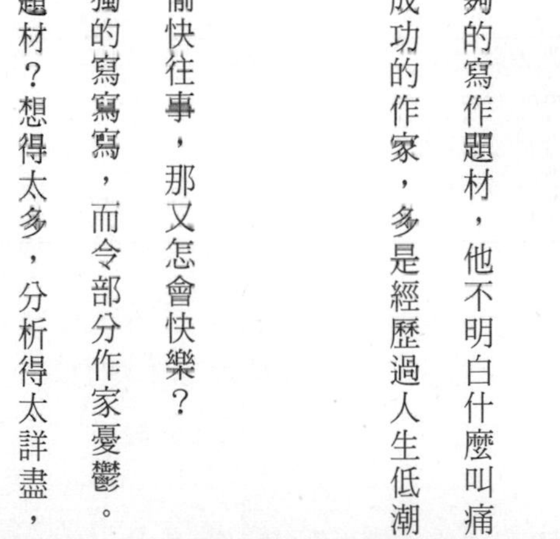

當作家不能太愚蠢，笨人什麼都不知道，什麼都察覺不到，所以不會不開心；聰明人因為了解得太多，太敏銳，觀察力太強，於是又鬱鬱寡歡了。

文人相輕，文人無義，我很懷疑作家跟作家是否可以成為朋友。只有忠實讀者，才是作家最好的朋友吧。

這也是我自己的分析，並非專業，若嚴肅地研究，或許要請教精神科醫生或社會學家了。

害怕小孩子

有些明星，揚言喜歡小孩子，令人覺得他很有愛心。

看一位藝人寫的書，她道盡娛樂圈的虛偽。她說有次跟幾個藝人探坊中國貧窮兒童，其中一個女星，常常說自己很喜歡小孩子，但在該地見到孩子們卻無動於衷，不過當鏡頭一拍攝她，她就立刻撲到小孩子那裡去。

我並不特別喜歡小孩子，在街上見到，也沒衝動逗他們玩，但這不代表我沒有愛心，同樣的，不信教的人，也不代表不是好人。

有次聽音樂會，後面的小女孩，在開場之前常常踢我的座椅，當下我想，開始表演後她或許會定下來吧？

頭半場的確也沒事，後半場她或許開始不耐煩了，每五分鐘便踢我的座椅一次。

那為什麼我不請她的家長阻止？

沒有用的，小孩子都是「隨心所欲」。

以前就曾如此。某次也是聽音樂會，後面也是個女孩，我請她的家長阻止她繼續踢，家長便按著她的腿阻止她；但沒有用，她還是不斷踢，最後我只好調到前面一個沒有那麼好的座位。

小孩子，他們做事，不會想到對人家有什麼影響。

十多年前我唸大學時，有次坐公車上學，上車後不久，前面的小孩子面對著我，向我打噴嚏，弄得我一整臉都是鼻涕。於是我連忙下車，折回家洗臉，而司

機也沒有收我車費。

小孩子咳嗽，不會掩嘴，也不會避開人。

我有朋友說，每坐捷運，一見到小孩子，會立即避開他們。有時他們也頗討厭的。

到餐廳吃飯，如果附近有小朋友，他們會走來走去，家長又不理會。在享受美食的時候，附近有人來回走過，很騷擾人的。

在捷運車廂呢，有些小孩子則會繞著扶手轉圈，弄得我頭暈眼花。

最怕他們突然尖叫，很刺耳。

人說童言無忌，但我不覺得是坦率可愛，而是無禮。真正懂事的小孩，會知道哪些話是不可說出口的，沒大人教也懂得。

反而，我比較喜歡小動物，每當在街上見到小狗，我都會回頭望。

如果我男朋友一定要我生孩子，我會立即和他分手，孤獨終老也好過要我帶孩子，真是一輩子的包袱。

小孩子的尊嚴

小孩子也有尊嚴，我們也要顧及他們的感受，不要以為他們年紀這麼小，沒有感覺。事實上我覺得動物也一樣有尊嚴。

唸幼稚園的時候，正常來說，如果星期六是舉行生日會的話，那學生便可以穿便服。有一次不知怎的例外，學生必需穿校服。

我告訴媽媽，可是她不相信我，堅稱開生日會當然是穿便服了，於是幫我換上便服，縱使我心裡不願意，也沒法子。她帶我到樓下等校車，校車一到，見到車內其他同學都穿校服，她在那一刻才相信我，但也來不及了，我得要上車。

到了學校，我相當尷尬，全校只有我一人穿便服，更覺得很冤枉，因為我是知道要穿校服的，只是家人不相信我。

回想起這件事，如果我是家長，當下我會帶女兒回家，穿回校服，再搭計程

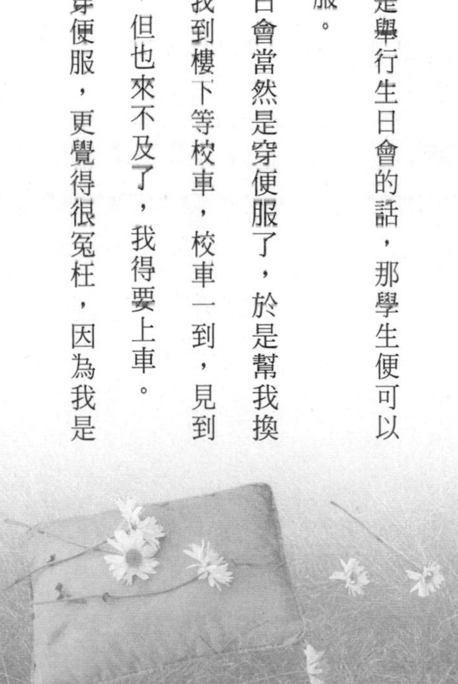

車回校。尤其我家鄰近學校，連錶都不會跳。

對於有些家長戲弄子女，讓小朋友出醜，以供他們娛樂，我也很反感。小孩子或許不知道什麼是尊嚴，他們不知道自己做的動作很奇怪，而大人們卻因此大笑，其實是把自己的快樂建築在孩子的痛苦上。

聽說小孩子呢，只要你給他一顆糖，他便什麼都肯做。我沒有這麼幸福，我就算沒有獎賞也很合作。

小孩子不是用來玩的，跟他們玩是可以，但應該尊重他們。

其實孩子是很怕難為情的。

小時候媽媽帶我買鞋子，她要我穿著新鞋在店內走一圈，走完了，她還不滿足，要我多走一圈，走完又再走，她要我肯定鞋子合穿。因為童年陰影，現在我自己買鞋子呢，真的可以兩分鐘內成交的，我只要穿上，走兩三步，不鬆不緊，沒有腳痛，那我便會決定買下了。以前當著那麼多人面前走幾那麼多圈子，真令我難受。

痛恨遲到的人

本約了朋友吃飯，愈是到約會日期，便愈是渾身不自在。最後我騙她說有事要忙，約會取消了。

我跟這個朋友很談得來，只是我終究接受不了她例行遲到。每次都遲半小時，以前還會電話通知（在接近約會時間），後來乾脆遲半小時才施施然到，毫無誠意歉意地說：「不好意思，我遲了『少許』。」

或許你覺得是我對人要求很高。沒錯，作為我的朋友，最重要的一環是要尊重我。他可以忘記我的生日，他不用關心我，他不用聆聽我的分享，他不用送我禮物，他不用記得我說過的話，但他必需當我是一個人。

要人家呆呆的等你，甚至站在街角，或在餐廳裡餓著肚子，期待著你的大駕光臨，這是非常不禮貌的行為。

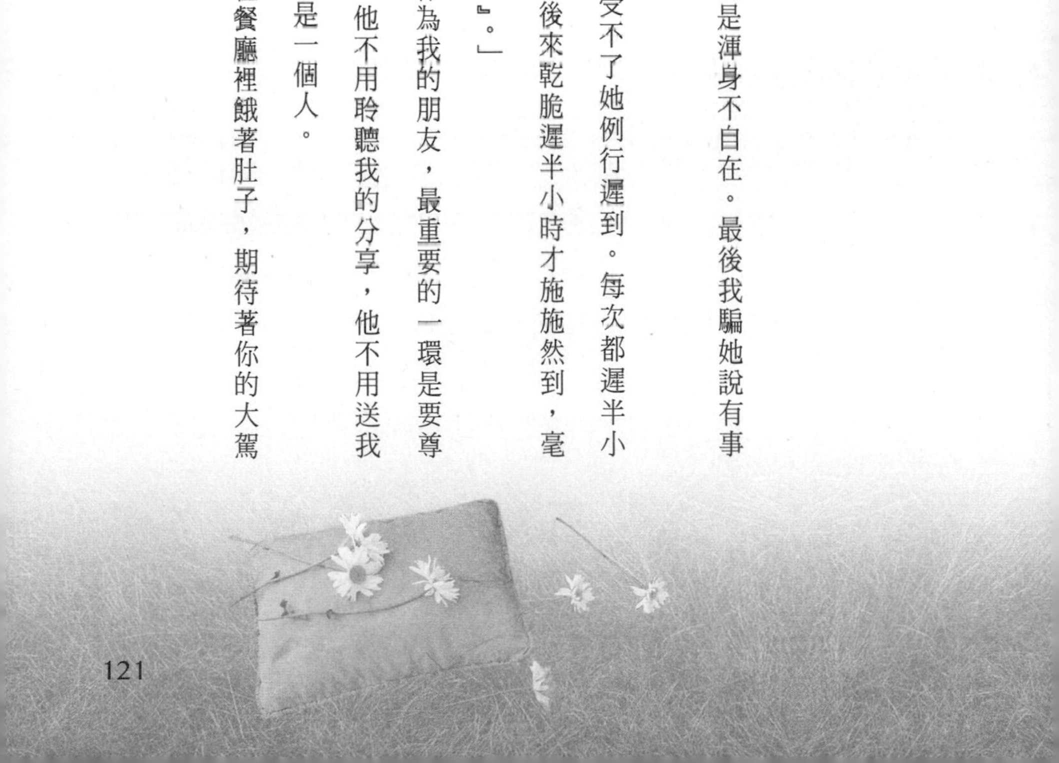

作為超級守時的我（我不單守時，還會早到），不明白這世上為什麼會有人遲到。又，為什麼他們上班卻不會遲？面試不會遲？搭飛機又不會遲呢？

市內什麼街道容易交通擠塞，我們都知道，我們都應該懂得準備充裕的時間。更何況我這個朋友，即使我約在她住家附近的餐廳等，她只需步行五分鐘，也一樣遲到半小時，並且是沒有原因的。

什麼時間到達，我們絕對可以控制，除非是交通意外或車子壞了。

一個朋友，如果每次都守時，突然有一天遲到，那我一點都不會生氣，我會非常體諒他，等候的時候也不會不耐煩。但如果是把遲到當常態，那就不能諒解了。

我發覺，女人的遲到問題比男人嚴重，而通常那些男性化的女性，都很守時。我是例外，我的衣著和談吐舉止都像女人，但我卻很守時，可能跟我固執的性格有關。

以前沒手機最好，如果朋友遲到十五分鐘還未到，我大可以光明正大離開。現在呢？手機通知你半小時後到，你不遷就一下，就太絕情了。

我寧願沒有朋友，一個朋友都沒有，也不願意結交一群慣性遲到的朋友。遲到的人會破壞我一天的計劃，例如我預計吃飯兩小時後上瑜伽課或做美容保養，或者我習慣了早睡，難道我要取消之後的規劃來遷就他？有時我肚子餓，以為一見面就可以大快朵頤，但朋友遲遲不到，那我是否可以先點食物？這樣又好像太無禮了。

約了在商場等，朋友打電話來說：「你自己先逛逛吧，我要遲些到。」可是我未必有興趣逛街啊，可能那天我已累死了，可能我正挽著沉甸甸的東西想快些坐下來呢。

要是那麼忙，就不要出來見面吧，答應了出來，就該準時出現。我認為守時是對人、對朋友的責任，至於請吃飯什麼的，那其實一點也不重要。

旅行有什麼好

很多年前，我跟男朋友第一次約會，那天我們還未是情侶，閒話家常。我說

到曼谷沒有什麼好玩的，也是做按摩和吃東西而已，他說：「其實去旅行不一定要有很多東西玩的，目的也是離開本地幾天而已。」

說得太對了。

現代的都市人越來越喜歡旅行，可能在本地真的沒有什麼好玩的，既不能泡溫泉，也無法滑雪，百貨都差不多，地方少，人煙稠密，去旅行真正可以鬆一口氣。

我又有一個朋友說，去旅行不會重複一處遊過的地方。

有時候，第一次去一處地方，要搜集很多資料，列印地圖等。當我很累，只想放鬆一下，不想用腦太多，我會去一處熟識得像家鄉的地方，那我可以連旅遊書都不帶，其中一個地方是台北，另外就是大阪。

到台北，兩間誠品在哪個捷運站、哪個出口我都知道，去多處地方也不用看地圖的。

去旅行其中好玩的地方，就是可以說他國語言。當旁人聽得懂我的說的話，我會很有成就感，此外也是學習語言的好機會。

一個人去旅行，最容易被搭訕。計程車司機多數會逗我聊天的，在新加坡更是每一次都會，而且溝通上沒有障礙。

一去了外國，就可拋開煩惱，什麼最憂慮的，哪個人惹我生氣，統統都忘記了。

即使坐捷運，觀看人生百態，也是一大樂趣。我會比較不同國家的人，在坐車時有什麼不同活動。

到不同地方，也可了解各國的公民教育做得如何，例如台灣和日本人都很願意讓路，堅持不會坐「博愛座」，而新加坡人咳嗽的時候大多會掩嘴。

有一次在台北坐小黃，途中我的手機響起，司機連忙把收音機的聲音調低，我感動得不得了，台灣人就是這樣細心。

又有一次，我在台北機場內的餐廳吃飯，站在通道上把兩張座椅對調，有個中年日本男人想走過，我忙不迭停下來站在一旁讓他，但他仍然站著，靜靜地先讓我把座椅推好。日本人就是有好修養。

飯店的重要

很多年前，張柏芝在一個電台訪問中說過，不介意飯店的質素，因為逗留在飯店的時間也很短。

以前我也會為節省金錢，住三星級飯店，現在覺得飯店是很重要的。

飯店舒適與否，會影響你整個旅程的心情。

如果我一抵達飯店，打開房門，見到先進的設備，偌大的房間，華麗的裝潢，那我對整個行程都會信心十足。

我也不是有錢人，但我寧願選高級一點的飯店，只要縮短遊玩日子，便能節省開支。

首先，飯店一定要交通方便，距離捷運或地鐵站不能多於五分鐘的步行路程。

平日我們就算走十五分鐘的路，也未必會很疲倦，但旅行呢，尤其是到日本，避不開購物，晚上已經很累了，還要挽著沉甸甸的戰利品，走十五分鐘甚至更長的時間，一定會累得想死。

另外，飯店的內部設備也一定要齊全。如果飯店不好，你會覺得受氣。

我曾在新加坡住一間三星級飯店，房間內連吹風機都沒有，必須向服務人員要。而且也沒電梯，當然更沒有服務生幫忙提行李，得要扛著箱子爬上幾層樓梯，非常辛苦。

也很怕沒牙膏牙刷的飯店，通常歐洲飯店都沒有的，到達後就很狼狽了。

歐洲飯店，就算四星級，房間也很小，浴室很擠迫，但也一樣收幾千元一晚。我覺得歐洲呢，一定要儲夠很多的錢，起碼二十萬元吧，要坐商務艙，住五星級飯店，否則你會玩得不開心，不如只到鄰近國家算了。

反而，曼谷的四星級飯店已經很漂亮了，而日本有些三星級飯店，也一樣有四星級水準。

如果要捨棄一樣，我寧願住不鄰近市中心的飯店，也要住新蓋的，房間面

積大的，而通常不近大站的飯店，價錢也會較低。如果交通極為方便，但殘舊不堪，也是划不來的。

另一重要的環節，就是最好有機場巴士直達飯店，我不喜歡坐地鐵往返機場和市區，我喜歡看風景，而日本服務好的飯店，會在你退房當日，直接把你的行李放上機場巴士的，他們還會清楚你搭乘的航班在哪個客運大樓，把行李放在車廂裡適當的位置。

還有，我覺得網友對飯店的評價不大可信，因為人人要求不同，也是靠運氣吧。所以最好先做好功課，瀏覽飯店網頁，清楚它的背景，如興建年份等。免費 wi-fi 也是優點之一，因為可以不用帶手提電腦。

回家

聽過一句話：旅行，也是為了回家吧。

我有朋友說，去旅行，去程會比回程開心。

以前有個女性友人說，她帶還是幼兒的女兒出外，當小女孩知道那條路是回家的，她就不高興了。

也認識一些人，放假一定要外出。

我家鄉的長輩形容那些不肯留在家中的年輕人，好像當家裡有鬼似的。

而我，每次去旅行，就算在外國多好玩，環境多麼令我舒服，我總是倒數著回家的日子，所以我的旅遊時間不能太長，否則會思鄉。

金窩銀窩，不如自己的狗窩，有次我坐飛機回程，聽到一個中年女乘客說：「太好了，今夜可以睡回自己的床了。」

不論多麼豪華的飯店，設備如何先進，還是覺得睡在家中是最舒服的。

曾有作家在報紙談酒店的按摩服務，我寫了一封電郵給他，說曾經在曼谷一家五星級酒店做泰式按摩，舒服得睡著了。他反問我：「為什麼你要付錢來睡覺？你可以在家中舒舒服服的睡啊！」

所以，有很多錢都是不用花的。

我們累的時候總想到做按摩，做美容，其實放假在家裡睡一整天就可解決了。

平日出外，我在回程永遠比去程開心。

因為我是宅女，所以居住環境對於我來說非常重要，其他方面可以省，但住所是省不得的。

不開心的時候，有些人喜歡約一大群狐群狗黨吃喝玩樂，而我覺得當你受驚了或受傷了，最好立即回家，因為在家裡是最安全的。當你心緒不寧，就會反應慢，警覺性不夠高，很容易做錯事。

總是歸心似箭。

有時為了想快些回到家中，會把行程減省，做完最重要的事便匆匆回家。

第三章

寂寞是人類永遠解決不了的問題

苦不是不能訴，可是要選擇適合的對象，內容也要經過過濾。

寂寞之可怕

很多年前一個女藝人說，做人最寂寞的，是開心的時候不知可以找誰分享，不開心又沒有一個訴苦的對象。

有一次上資生堂化妝班，等候上課的時候，有學員發現其中一個導師正是她的舊朋友，她相當興奮，連忙拿起手機打電話告訴朋友，說完了就掛上電話。

有時我在街上看到很有趣的東西，例如見到一個很喜歡的明星、或受了路人的氣、上了一間很好的餐館、吃了很好吃的食物、買了一件很漂亮的衣服、每天都有帶傘卻碰巧在下雨的那天忘記帶、最喜歡的作家出了新書……這些瑣碎事，我也不知道可以找誰分享。雖然我手機的電話簿裡有很多個號碼，我臉書裡也有很多朋友，但沒有一個是可以打過去的。

寫部落格是我的發洩方法，還有就是微博吧，一些感覺，一句話，都可以在那裡抒發。

曾經問過一個朋友，可以沒有什麼事，光是為了聊天而打電話給朋友嗎？

他答，如果是很要好的朋友，那是可以的。

余不敢苟同。

你是不是可以在辦公時間，打電話給姊妹淘說：「剛才瑜伽課的動作真難做，導師還很嚴格呢」？

你是不是可以在晚上，當朋友們有的在追電視連續劇、教書的在批改簿子、上班族在加班、有孩子的家庭主婦在教小朋友做功課，而你卻打電話去騷擾她們，說被同事講閒話，以訛傳訛？

幸好我喜歡寫作，有自己的園地，又有少量支持我的網友，否則，每天發生那麼多事，街上有那麼多奇奇怪怪的東西，車廂上乘客不雅的舉止，服務員態度如何好，保養品如何有效等，我又可以告訴誰呢？

其實我應該有個好姊妹的，但卻是可遇不可求。

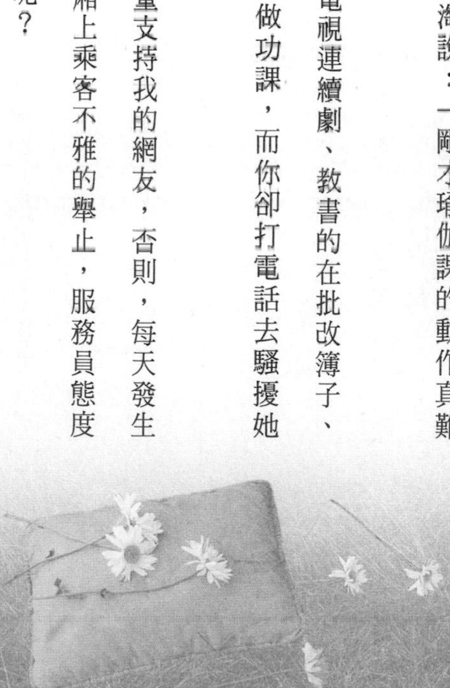

女人的友誼是，剛認識的時候打得火熱，什麼秘密都交換，但過了「熱戀期」之後，就會淡下來，但又不一定是反目，只是不再像開始的時候那麼親密。能夠歷久常新是很困難的，除非她需要你。

友誼之所以能夠維持，也是因為兩人互相需要，否則也懶於約會。消磨時間嘛，大把事可以做，要找人聊天也有很多選擇（尤其是有對象或結了婚的），為什麼一定要找你呢？

男朋友是可以撫慰寂寥的，情人確實是可以沒有什麼特別事都找他。你可以說：「我只是想聽聽你的聲音。」也可以說一句很唐突的開場白：「我今天不漂亮喔。」以前我還會扮小熊打電話給我的男友，以小熊的身分跟他聊天。家人和好姊妹都不可能代替男朋友的。

有時我覺得累，因為連續幾天都沒有說過話（或只是幾句話）。結果一跟理髮師聊了幾句，在計程車上又有一句沒一句的跟司機聊天，之後精神就為之一振。聊天是可以提神的。

我既注重私人空間，享受一個人（相信我，一個人逛街做美容、品嚐美食真的好開心好開心），又想每天有2～3%的時間跟人聊天，能做到這樣就很完美了。

不開心可以訴苦嗎？

早前有女藝人在微博說想自殺，另一位女星在接受訪問時，勸她若不開心可以找朋友傾訴。

真的如此方便？

好的，如果有一夜，比方說中秋佳節晚上，突然憂來無方，又或是有方，受某個原因困擾；我是否可以打電話給其中一個朋友？

是不是就算他正跟朋友們興高采烈的在吃著飯，我也可以如此煮鶴焚琴的騷擾他？

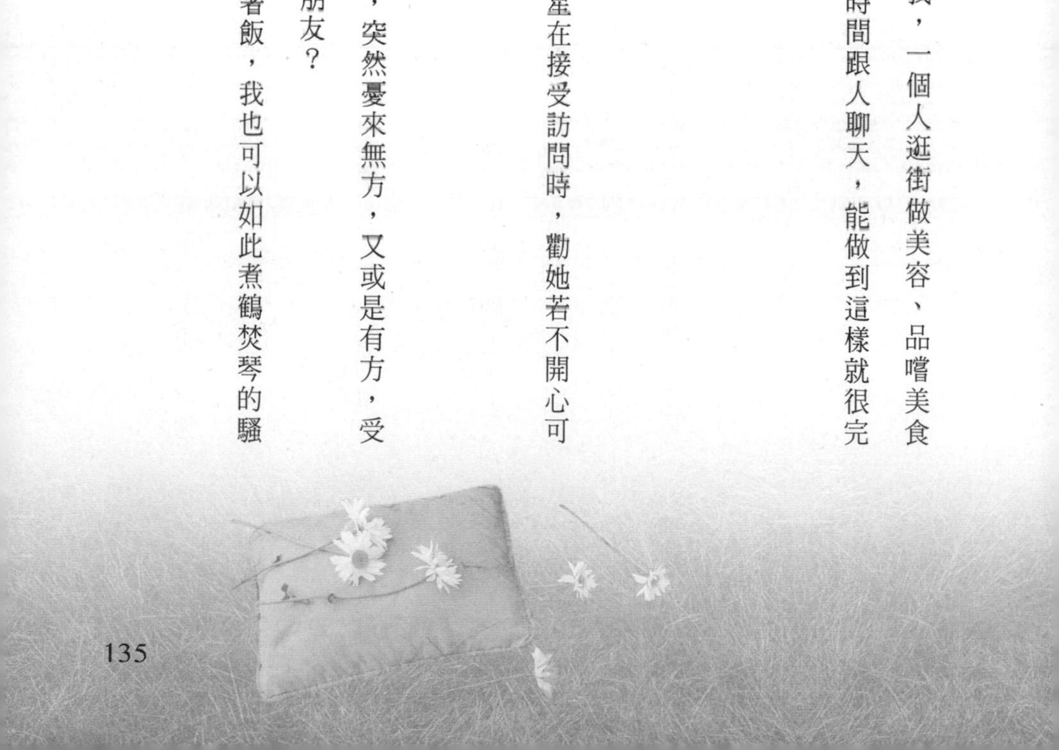

如果不是適逢佳節，我又是否可以在下午三點，當朋友正在辦公室中忙得透不過氣來，或可能剛受了老闆氣的時候，說一句「我好辛苦」？

我真可以因為一件不開心的事，而特地找朋友嗎？

沒有人有責任照顧我的情緒，我為什麼要因為一件與溫飽或生命無關的事而麻煩別人？

在我年輕時，天真的相信真可以找朋友訴苦，但也有被拒絕的時候。

有一夜，在街上突然情緒低落，打電話給一個朋友，她一聽到我的聲音便說：「對不起，我在家裡忙公司的事，幫不上你。」然後她重複了幾次對不起。

又有一次在公司，受了點刺激，我見最熟的同事正在工作中，便說想晚上打個電話給她。不料她冷冷地說：「我今晚有事。」

這些自討沒趣的例子，是可以避免的，就是做個報喜不報憂的人。

認識多一點朋友，是不是有多一些訴苦的選擇？然而並非所有朋友都是適合的傾訴對象。

容許我偏激的說，我覺得所有朋友都是酒肉朋友，你沒有好處給別人，誰會跟你交往？我不是指很具體的利益，不一定要送禮，不一定要請客，不一定要借錢給人，但至少你要令人開心，而令人開心就是你給他的好處了。你跟他聊他喜歡的話題，給他意見，聽他講是非，也是給他利益。

如果你每次見一個朋友，都是訴苦訴苦訴苦，或只講自己的事、講自己戀愛、講自己子女、講自己身體問題，又對他人的事沒興趣，這樣你休想他會再理你。

如果你的話題永遠圍繞著自己，你應該找心理輔導員或社工，而不是朋友。

我曾跟一個朋友說，有問題想請教某個從事專業工作的朋友，她教我：「你第一句話當然要問問她近況，問她忙不忙，不要第一句便問問題。」

我想有很多人都是這樣打開話匣子的。平時不太關心朋友的人，突然打電話或 MSN 問候，一定是有求而來。

一個人如果常常吐苦水，會令人覺得好煩，偶爾是可以的，但最好在朋友找

你，或約你吃飯的時候順道說幾句，而不是很嚴肅的因為一件事情特地打電話跟人討論。有些人有家庭，有些人私人時間已嚴重不足，有些人下班後累得要死根本不想再集中精神聆聽，有些人沒有耐性，有些人自身難保。

或者，其中一個方法是在討論區跟陌生人聊，當中也有天使，也有智者，並且可以匿名，又不會打擾朋友。那些網友當然是有很多時間，才能義務做你的聆聽者。

不能訴的苦

有些苦不能訴，聆聽者不單不會明白，還會責罵你，例如是被得罪。因為他不是受害人，他沒有切膚之痛，所以他未能感同身受，反指是你的錯，是你太小器，是你對人要求太高，人家對你好而你不欣賞。

例如朋友嘲笑你，他們總會說：「他也是說笑而已，你怎麼一點幽默感都沒有？」

又例如有人批評你，他們又會說：「忠言逆耳，他也是為你好，緊張你才冒著得罪你的風險告訴你，你太不領情了。」

總之，大家都是維護那個傷害你的人，他是對的，你是錯的。

以前我有個朋友，十年來跟我吃飯差不多每一頓都要請客，我每次都會準備一些小禮物，不過還是令我很不舒服。對另一個朋友訴說，他教訓我：「有人請你吃飯，你還不高興？」或許我真有錯，既然她堅持要付錢，那我可以堅持不出來，只通電話維繫友誼便算了。

我也明白，事情不是發生在自己身上，便可能覺得是一件小事，沒有什麼值得生氣，可換做是我，卻絕不會說那個訴苦者小器，我深深了解針不刺到肉不知痛的道理；而且他對我訴說，無非也是想得到我的明白和理解。我會分析事情，想出那個傷害他的人的動機。

我有個朋友考進一間學校，在中途輟學，她向我抱怨突然退學後，同組的幾

個同學都沒有打電話來關心她，我便說：「可能他們不想太八卦而已，或者心底裡是關心你的。」

但分析也是要看狀況，如果那個得罪他的人真的很糟，我只要認同就好。例如有人掌摑他，我不會說：「他也是幫你的臉部做運動而已，你也不感恩？」這樣是很令人難堪的。

不過懂得體諒訴苦者的人總是少數，如果有人常常對人說憎恨誰和誰，一般人的結論會是「他好像討厭全世界似的」，而不會想到或許是當事人運氣太差，總是遇到不好的人，也可能因為他太善良太客氣笑容太多，所以很多人都欺負他。

所以，說得太多心底話，多是會被批評的，沒有人會欣賞你的可愛。

好耳朵難求

女藝人說，她的男朋友其中一個優點，就是雖然他本身很愛說話，但很會尊重別人，總是待人家把話說完，他才開口。

你是否覺得，願意傾聽的人（尤其是女人）太少，喜歡說話的人太多？

有些女人以為，我不是正跟你聊天嗎？我已經在陪你了，你還要我怎樣？

她們忘記了，聆聽也是聊天的一部分。

有時候人家對我們說一件事，可能需要說二十句，但很多人聽到第二三句便打斷了，其實有什麼感想和意見，也可以等人家說完後再回應的。

一個好的聆聽者，必需對其他人的事有興趣，表示關心。

很多女人都有個毛病，就是太自我中心，喜歡以自己的經歷作回應，例如說「你很慘嗎？我比你更慘呢！」然後滔滔不絕說自己的故事，那訴苦的人便無法再說下去了。

我老媽最令我洩氣的，就是往往她問我近況，我還沒說完，她就迫不及待打斷，而誤會了我的意思，或自以為聰明，以為猜中我說什麼，幫我把說到一半的話完成。

一個溫柔的女子，必需具備一雙好耳朵，全神貫注傾聽，即使對方要說上一小時才把苦水吐完，也耐著性子，在適當時候問問題，以了解事情。

可以問的問題有：如何？為什麼？哪裡？誰？事情是怎樣發生的？你當時有什麼感覺？你打算怎樣解決？……許多許多。

所謂關心朋友，是要給機會對方抒發，就算你突然想到什麼想說，也要忍一忍，你要記得主角是他，不是你，不要倒過來，在他情緒最低落的時候，反過來聽你的牢騷。

缺乏同情心的人

訴苦不是不可以，但也得找對人。人生太順意，從未遇過滿途荊棘，有健康的成長背景，沒經歷過人生低潮的人，不是訴苦的好對象。

其實已經是多年前發生的事了。

有一個女作家，在部落格上大罵因為感情失意而生活潦倒的女性朋友，說她為了一點小事便放棄事業云云。我留了言說（大家注意，是說，不是罵），覺得這個作家是因為自己太幸運，所以缺乏同情心，該站在朋友的角度想，感同身受，而且這樣公開罵對方也會令她不好受。

那時候她很謙卑的回覆我說，會自我反省。

之後的幾年，她兩次重提我的留言，說有網友「罵」她沒有同情心。唉，我只是有感而發，並不是生她的氣喔。

以我自己經驗，命太好的女朋友，只適合一起吃喝玩樂、逛逛街、風花雪月，並不適合向她吐苦水的。

你抱怨，最常見的回應有「我早勸你不要幹這份工作了」、「你也是的，連這個都要生氣，小事而已」、「這些已過去了，不要舊事重提吧，人應該向前看」、「你看你，開口閉口都提著舊情人，他早已不再愛你了」。

她最擅長在你的傷口上灑鹽，她不會明白你的感受，只會說你不知足、你自

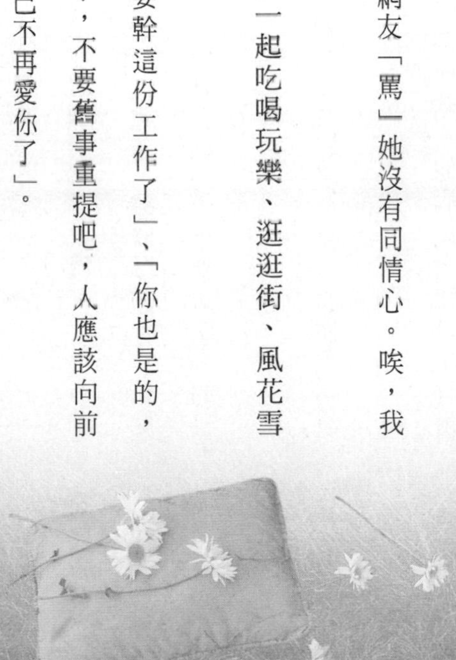

作孽、你活該、你自尋煩惱，好像不開心是你的問題、你的責任、你的錯。

如果你說憎恨某個人，她不會覺得那人有錯，而是你太小器。

如果你面試失敗，她不會說題目太深奧，而是你的腦筋轉得太慢。

她不准許你因為失戀而傷心，也不讓你因為失業而徨徬。她瞧不起你有情緒起伏，雖然她也曾不開心，但每一次都是短暫的，而且在她的人生裡，開心的日子比不開心的多。

她最厲害的就是教訓你、批評你、諷刺你，如果你有好事分享，她便說這沒有什麼特別吧。

某些命苦的人，會是很好的傾訴對象，因受過煎熬，他們比較懂事和有耐性；可是那種命好的女子不會欣賞你，因為她根本沒有訴說心事的需要，最大煩惱只是貓兒生病了，喜歡的鞋子沒有適合的尺碼，售貨員對她不禮貌，婚紗照拍得不美，薪資停留在十萬沒有加薪。

她還有一項最大的本領，就是在你有經濟問題的時候說買了一個愛瑪仕，在你男友劈腿之時說老公送了一只鑽戒給她。那她對你有什麼好處？就是豐富你的人生經歷，突顯愛護你的朋友有多可貴吧。

不負責任的安慰話

有朋友訴苦，我們的責任是聆聽、開解、支持、跟進、問候，與他共同研究解決方法，衡量得失利害，而不是指揮他去怎樣做。

有些人說，工作得不開心便不要做吧，壓力大便炒老闆魷魚吧，但以後的生活費要由誰負責？又，如果之後再也找不到適合的工作，或沒有薪資相近的職位，那後果是不是要由建議的那個人來承擔？

或者那個人可以：不介意遊手好閒，不害怕失業的無助，不介意沒有給家人子女好一點的生活素質，又或是沒有人家一半的羞恥心和責任感。但不是每個人都可以過這樣的生活吧。

又有些女人對女人說，你喜歡那個男人，就去搶吧，愛情本是自私，他有老婆那有什麼關係？但如果後來因此被潑硫酸，那當初建議的人是不是可以負責她的醫藥費，她的前途？

又有些人會對心情不好的人說，不開心便買個名牌包包哄自己開心吧，不開心便去旅行吧……。我不會說這些話，因為我不知道朋友的經濟狀況，尤其是財務狀況是女人與女人之間的秘密，多數是男人問男人借錢，甚少是女人向女人借錢的。通常我會說：在自己能力範圍以內，做一些令自己快樂的事情。

你可以給建議，但要考慮到是否適合他的情況。

我也曾對朋友（還是做社工的）說，一離開本土便覺得很輕鬆，她便叫我移民，是一本正經的，並非說笑。好的，如果辦移民，去了外國可以做什麼工作？是否應付得了那個國家的生活狀況？如果突然覺得不適合可以怎麼辦？搬家可以當作換酒店嗎？很多因素需要考慮的。

沒錯，支持朋友好像很有義氣似的，但這個決定會不會為他帶來不良後果呢？會不會製造更多的問題？又是否治標不治本？

我們該冷靜跟朋友分析問題出現的原因，除了最方便、最任性的辦法之外，有沒有其他折衷辦法？有沒有其他可得到相同效果而又沒有副作用的方案？

不過我知道願意思考的人如鳳毛麟角。

這算是為我好嗎？

有時候對朋友哭訴被責罵，他總會氣定神閒的安慰你說：「罵你也是想你好而已！」

我卻認為，給意見可以心平氣和，可以經過修飾，爽直並不是藉口，該顧及一個已經不開心的人的感受。

朋友誤入歧途，你罵他並沒有實際作用，傷人的話不受用，不單解決不了問題，還會令他反感，覺得你是針對他或嫉妒他。

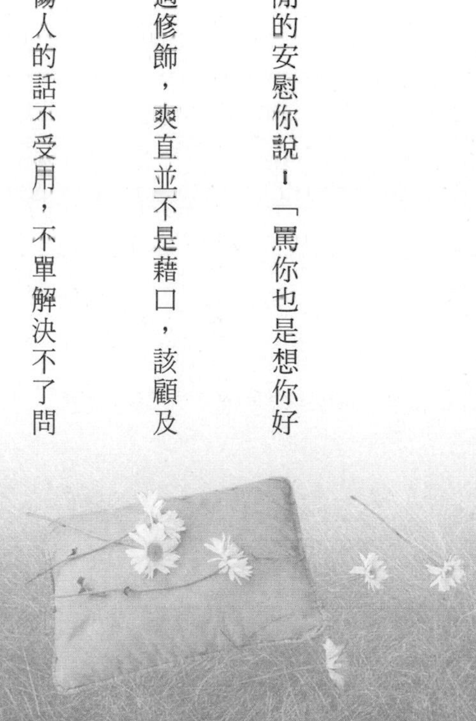

很多年前，我身體不好，但還是捨不得不教書。只是身體狀況和性格上，我也確實不適合教書，雖然我的醫生命令我教下去，但我後來仍是辭職了。他便罵我。

我一個長輩說，醫生罵我也是擔心我。

如果罵得對的話那還好，可是他的意見太主觀了。

同樣的，有時朋友會很激動的指指點點，說我這種生活方式不對、我有這些愛好不對、我的價值觀人生觀跟他不一樣便是不對。對另一朋友吐苦水，他的結論也是如此。

我記得我有個男同事對我說過，他曾經工作得不愉快，有朋友直言：「那是因為你無能！」而我同事竟然接受！如果我是他，我一定立即跟這個朋友絕交。

人應該互相尊重，要維護他人的尊嚴，要有教養，有需要時還要為對方找台階下。

並不一定要說些令人難堪的話才可以幫到朋友，忠言也可以順耳的。

又曾看到一個時裝記者寫道，她本身個子矮小，但有意穿長裙，她的朋友便笑說她要把裙子剪掉一呎。這個我無法接受，說笑也得有個限度，絕不能取笑人家身體上的缺點。

擔心我便可以攻擊我，關心我便可以侮辱我、嘲諷我？那請這些人捫心自問，你是真心想我好，還是想滿足自己喜歡指使人的心理，實現自己的優越感，把平日生活上的不滿發洩在我身上？

或許有些人是犯賤的，被罵會很有滿足感，很開心；可是這個招數對我來說不管用，還會弄巧成拙，因我的自尊心極強，我平生最憎恨沒有禮貌的人。我強調，朋友們不用給我很多好處和利益，但必需尊重我。

當兩個女人太相熟，漸漸到達一丁點距離都沒有的地步時，會變得想到什麼便說什麼，愛批評便批評（即使沒需要），帶惡意的說笑，以對方外貌上的缺點或打扮一時失手作為笑話——這是導致我跟無數姊妹淘反目的原因。

認識新朋友

如果你對人說，你很寂寞，沒有一個聊天的對象，通常他們會叫你多參與活動，上課程，上教會，認識新朋友。

好的，假設你是一個女人，去學法文，認識了一個跟你年紀相若的女同學，那之後寂寞是否就會消失？

如果她喜歡打球遠足，而你則較喜歡靜態的活動，例如看電影、逛書店、上美容會館，那你是否願意為了遷就她，為了讓自己有點社交，而做不願意的事？

如果你對天文很有興趣，喜歡觀星，又或者喜歡看紀錄片，欣賞大自然，而她卻喜歡時裝和名牌包包，你可以強逼她聆聽你喜歡的話題嗎？

如果你正鬱鬱不得志，滿腔熱誠卻適逢待業中，才能得不到發揮，心情欠佳，而她的事業卻如日中天，還剛升了職，你是否可以向她掏心掏肺，在一個很快樂的人面前訴苦？

她也可能是一個缺乏人生經驗的單純女子，不懂如何安慰你。

或許，她也可能是一個理想的聆聽者，她富有耐性又有分析能力。但當你把自己的故事說完後，舒服了一會兒，可能馬上又後悔了——她能夠守得住秘密嗎？你心裡惴惴不安。

日間忙得不可開交，晚上在寧靜的屋子裡，想找個人聊聊天解悶，你又是否可以立即打電話給這個朋友，而不理會她是否正和伴侶看電視，或加班，又或是剝削她少之又少的私人時間，阻礙她的休息？

就算你可以約她吃飯，那你們可以每星期見面一次嗎？比方說，三個月吃一次飯，那你還有十一個週末要一個人過。

求學時期，我們跟同學們即使性格不同、愛好不同，也有很多話題，可以講功課、講老師是非，大家都沒有家庭，可以隨時約會，彼此信任，可以交換心事。人大了，就想到保護自己，於是只能跟嗜好與自己相近的人做朋友，因為聊

天的話題只侷限在吃喝玩樂上。

所以，說什麼開拓生活圈子，走進人群，卻不一定可以撫慰寂寥。把自己塞進一群話不投機的人裡，敷衍的微笑著，明明對他的事沒有興趣，也要扮有興趣地問很多問題，暗地裡則抱怨時間怎麼過得這麼慢。這只會令你更加寂寞。

因搭訕而認識

我們是怎樣跟一個朋友相熟起來的？主要是靠搭訕吧。

那算是厚臉皮嗎？並不見得，人與人之間總需要溝通，只是若對方反應冷淡，會很令人尷尬和沒趣。

以前在學校教音樂，有男同事想跟我做朋友，便跟我聊電影，向我借古典音樂的 CD。

我也曾跟一個男同事一起遲到，那我便問他住哪裡，又說自己是搭計程車趕回學校的；他回說，以前在別區教書，坐計程車也不用多少錢。不久，我們交換了ICQ，就這樣成為朋友。

通常要投其所好，才會得到好的反應。

我有個女同事喜歡打扮，我便大讚她的頭髮燙得好看，問她在哪裡做頭髮，就這樣攀談起來。切忌一開始便問人家私人問題。其實就算到達很親密的關係，也該保持距離的，即使是親人。

某些人，我不希望和他們做朋友，例如是大廈管理員和鄰居。

如果跟他們聊聊天，談談天氣，說說物價高漲，那是可以的，只是你的話多了，他便開始問，你是一個人住的嗎？你做什麼工作？為什麼在上班時間也見你在這裡？

如果是他一人知道那還好，只可惜講閒話是人的天性，你的資料，不知會被他傳到哪裡去。

一些人可以深交，有些朋友，我會告訴他很多我的事，我直覺覺得他可靠。

素昧平生的，還是保護自己一點的好。

我有朋友跟旅行團的導遊成為了朋友。

我多年沒跟過旅行團。十多年前參加一個日本團，我跟幾個團友很談得來，有一夜我男友早睡，我還獨自跟幾個女孩子去吃宵夜。最後那天，在機場我們都交換了電子郵件和 ICQ 等，但沒有一個能真正成為朋友，大部分都沒再聯絡。

很多人的同事就是朋友，不過我倒覺得，在其中一方離開公司後，雙方才可以推心置腹，否則太危險了。

他們的辦法

有沒有留意到，心地最好的那幾個朋友，都是人生路坎坷；相反的，際遇最好的，都是心腸最壞的那個？

如果你相信蓋棺論定，那我也不敢說好心不會有好報。

有些人前半生事事順遂，你怎曉得他下半生的生活如何？

跟一個朋友討論，為什麼心腸壞的人，都會有很好的際遇？他說，可能他們懂得為自己爭取。

我有一個已翻臉的好姊妹，自私自利，批評人不留餘地，可是學業、事業、愛情、人緣等各方面都那麼好，我分析過，是什麼令她如此成功？

首先，她很懂得保護自己。

像求學時期，我被同學們排擠，她一方面在學校不跟我說話，以免連累自己也被排擠，另一方面她卻跟我做朋友，晚上跟我用電話聊天。

她跟我發展「地下情」有什麼好處呢？因為我媽媽是國小老師，我唸國小時，所有功課都會被她檢查過，所有答案都是對的，好的，這個同學就跟我一起對答案，那她的功課自然會好起來。

上國中後，需自己處理功課，那我對她來說還有什麼利用價值呢？因為她若溫習時覺得悶，可以找我講電話調劑一下，加上我又喜歡聽自己背後的閒言閒

語，她便可以歡喜地看我生氣的樣子。

雖然，在學校她依然裝作不認識我，可是有次星期六，我跟幾個同學回校做功課，她叫我從爸爸的盆栽摘下幾塊葉子，給她做美術科的功課。星期六，學校沒有人，那就沒有人會看到她原來跟我那麼相熟了。

她很懂得從別人身上要好處。

她也是個自愛的人。

唸大學時，她在加拿大的男友劈腿，她哭得死去活來，可是仍然對學業認真，以優異成績畢業。她說：「人當然要為自己好，學業會影響我的前途喔！」那些一失戀便自暴自棄的女生，真要向她學習了。

另外，她會懂得挑人來欺侮。

在學校，她對同學的態度很好，同學們亦喜歡她，她只會對我品頭論足，指指點點。因為她知道永遠都不會失去我的，我沒有其他朋友。

她總懂得怎樣是對自己有利的。

她資質良好，雖然並不很用功，但很聰明。畢業考前，她仍常常跟我講電話，可是在溫習的時候卻很專心，而且很快記得課本內容。

她說，那麼多次求職面試，從沒失敗過，或者是她幸運，但更大原因是她懂得表現自己，她的態度不卑不亢，獲得老闆青睞。

我的結論是，想無往而不利，就不能太為他人設想，凡事要先想到自己的好處，與有利於自己的人交往，賠本生意不要做。

可是，我不會做這種人，我喜歡付出，我會因為別人快樂而快樂。做好人會令我安心，我寧願自己際遇壞一點，也不能做昧著良心的事。縱使賺得全世界，卻失去人格，那又值得驕傲嗎？

我又何苦作賤自己？

我朋友說我過於「以自己為中心」，我先嚇了一跳，生怕是自己沒有關心朋

友，對別人的事表現得沒興趣，但我一向自認是一個很好的聆聽者啊。

難道是指我自私？但我可是以為他人設想出名的。

搞了半天，我才知道他不是說我自私，他的意思是指，我不肯遷就他人。

他舉例說，例如一個男人喜歡到人多的地方，而我因怕人擠而拒絕他，這是不應該的。

針對他的話，我不得不為自己辯駁一下。

首先，我不相信男人都喜歡去擠，我有一個前男友，比我更害怕擠，他為了害怕人群，會帶我一起繞道而行。他也不喜歡在假日跟我一起去旅行，因為怕人多。

我也有一個男同學，連夜市都不逛，怕擠。還有一個男同事，因為怕人潮洶湧而不去書展。

我想是我這個朋友特別喜歡人群，便以為人人都跟他一樣吧。

好的，假設現在有一個喜歡人多的男人追求我，而我為了有個男朋友，放棄原則，勉強做自己不想做的事情去跟人擠，我會覺得自己很cheap，我先瞧不起我自己。

沒有男朋友不會死的，沒有老公也不會死。愛情很重要，但不是必需。我朋友說，將來我可能為了嫁得掉，才終於肯跟人擠。

他可低估我了。

當我多方面都不如意時，我認為應該先處理好必需的問題，愛情只是奢侈品，愛情不能給我尊嚴和安全感。

有些人的自信是來自愛情，來自戀人的愛慕和欣賞，然而對於我來說，我只有部分自信來自愛情，大部分都是來自我的學歷、我的才幹、我的成績、我的性格等。

有些女人，常常要依靠愛情來肯定自己，而我則重視事業多一點。如果有兩個選擇：一個是自己沒事業也沒錢，可是嫁個有錢老公；另一個是自己名利雙收，然而沒有愛人。我會選擇後者。靠自己總比靠別人有保障。

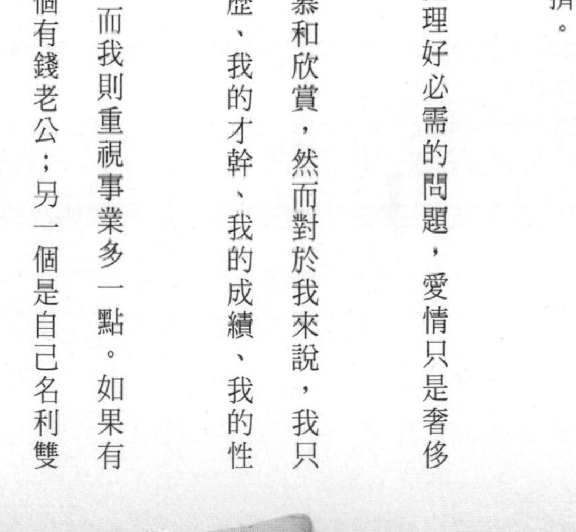

我也不會要求別人來遷就我。我遷就人好辛苦，人家遷就我也很辛苦。我有些女性朋友，是我們互相不用遷就的，就因為我們合得來。

那我何不找個跟我志同道合的男朋友？

應該是找到適合的人，那就走在一起；如果到了六十歲還遇不上那個人，就一輩子單身好了。

我們不用逃避戀愛，愛情也有其意義和重要，戀愛令人容光煥發；我反對的，是為了有個伴侶，找個很低級的男人，把自己的格調都降低了，這又何苦呢？

第四章

姊妹淘令人又愛又恨

女性朋友是你最好的傾訴對象，可也是傷得你最深的那個人。

有一種女人

不知你是否認識這種女人？

當你在她面前稱讚某個女人漂亮，她會連忙指出這個女人的缺點。

當你說過某個女人漂亮，以後她都會講這個女人閒話。

她常常說這個女人醜，那個女人醜，很難會聽見她說一個女人漂亮。若真的要稱讚，她只會說「勉強也算漂亮吧」。

你沒有問她意見，她也會主動說，你臉龐太闊了，化妝時打陰影會有幫助；你的眼睛太小了，眼線要畫粗一點；你下半身太胖了，不要穿得太窄；你的腳趾不漂亮，不要再穿涼鞋了。

她會看似好心的對你說，你也不是醜的，只是皮膚不好吧。

至於她自己是不是美若天仙呢？抱歉，她自己才是最醜的那個。

不過她很幸福，因為她完全不知道真相，以為自己很正。

她沒有直接說自己好正，只是從她的行為可反映出來。

她的臉書，有大量個人照片，還很多都是大特寫的。

有些照片，化了濃妝，還要做個嘴唇半張開的表情，欲語還休似的，以為自己好性感。

沒錯，她很懂得打扮，但也總是無法變成一個美女。

她會沾沾自喜說，有人說她像某個女星，但她不知道自己是跟那個女星有著共同缺點，而不是優點。

我倒覺得，一個女人自以為很漂亮，那是她的福氣，人應該喜歡自己，有自知之明是很痛苦的。只是，你可以自戀，但不要踐踏他人。

一個醜女討人厭之處，是她除了不知道自己醜以外，還要批評一些比她好看一萬倍的女人醜。

可幸這種女人，我只認識一個，這種人是不可以和她交心的，聊聊天還可以。

女人的虛偽

有時女人對女人也是很虛偽的。表面上，女人把女人捧上天，讚不絕口，說你樣貌二十年都沒有變，大讚你皮膚吹彈可破，背後卻批評得尖酸刻薄。

見過太多例子。

一個女人，也只是中人之姿吧（甚至有點醜），而她的女性朋友卻把她稱讚得像李嘉欣似的。

最常見的是在 facebook 的留言。

當然，有些常常被讚美的女孩子真的很漂亮，比很多女明星都好看，我就認識一位，可是有更多是普普通通的。

最近我有一個朋友，她不是醜，但絕對與「美女」一詞一點都扯不上邊。一天她忽然除下眼鏡，化了妝，穿著晚裝，形成一個疑似正妹的造型，放了照片上網，竟然大獲好評。

如果你以為是我要求太高，或者嫉妒她，那就錯了。我本人總是把女孩子的優點放大，把缺點縮小，我很容易覺得一個女人漂亮，如果連我都看不上眼，那她真的糟透了。

我也最喜歡跟美女做朋友，與美女吃飯真是眼睛吃冰淇淋，令人心曠神怡。而根據我的統計，美女多是聰明，令人如沐春風。

很多女孩子把照片放上網，尤其是有擺pose的，打扮過的，挑了角度的，目的也是想有人說她漂亮吧。

如果你放婚紗照上網，就算你長得奇醜，也一樣會得到很多個「讚」，人家給你面子，也是舉手之勞而已，反正彼此又不是仇人。噢，不對，仇人更加要認同你，好掩飾她的敵意。

男人的讚美是比較可信的，男人很少討好女人，你問他自己是否美麗，如果他不覺得，他會避重就輕，答了等於沒答。

每次有人說我好看，我也是聽過就算了，不會存檔，尤其是那些很誇張的稱讚。我自知長得成熟，十八歲的時候人人以為我二十多歲；在我三十出頭的時候，有次做臉部護理，美容師卻叫我三十歲後再多做保養吧，現在不需要太頻繁，一聽就知道她是在哄我開心。

女人講話是要打折扣的。有個自稱「比我大少許」（實際年齡我到現在還不知道，幾個月是少許，兩年也是少許）的女性朋友說，剛認識我的時候，也估計我跟她差不多年紀，她又沾沾自喜說旅行團團友說她像二十多歲女生。可是我的男性朋友說她有點老，明顯比我成熟。男人的話是最客觀的，女人就是很容易受騙，千穿萬穿，馬屁不穿，被人問一句「你是不是學生」，就樂不可支了。

什麼時候可以相信女人的讚美？如果幾個女人在你背後談論你的美貌，那她們真的覺得你很美了。

其實自己是否漂亮，也有其他方法可以知道，例如在街上很多人望著你（奇裝異服或特別醜除外），服務員對你特別殷勤，男性朋友們都對你很感興趣，很多人留意你，很多人對你的事有興趣……。

我有次參加朋友的婚宴，她有一個非常高挑漂亮有氣質有星味的姊姊，當夜很多客人都問「這個女孩子是誰」，有些甚至想要她的電話號碼。雖然沒有人直接說她很美，可是她的吸引力無庸置疑。

女人的麻煩

跟一個女友的關係是這樣決裂的。

有次我看她的部落格，見到她諷刺我，說我常稱自己的眼睛和膚色好看，是個精神病人。之後我們七年都沒見過面。

我這樣形容自己，並非一廂情願，其他人也這樣說。

如果我有一個長得醜的朋友，常常以為自己很漂亮，我也會想吐；可是如果她為自己的美貌而驕傲，我會很替她高興，尤其是一個曾經自卑的女人。

我有一個女性朋友，真的非常美麗，又有氣質，她是我從小到大最漂亮的朋友。有時她在臉書張貼自己的照片，然後說自己很好看，我會給她一個「讚」，因為她真的漂亮嘛。看到人家有自信，我們不是應該很放心嗎？難道你希望你的朋友自卑？

人是什麼都要罵，見人自信會諷刺他自視過高，見人自卑又罵他不懂欣賞自己。人是很麻煩的動物。

女人與女人天生有一種敵意，總是不自覺地比較，好修養的會幽幽的說「我真羨慕你，你有什麼什麼……」；沒修養的會冷嘲熱諷，以忠言逆耳為盾牌，指指點點。

我是不明白，為什麼其他女人可以跟同性做朋友的，我只能與中性打扮（但不是同性戀）的女人做朋友。其他的，如果是女性化的，只能幾個月吃一次飯，不能成為莫逆。

女人很矛盾，女人對女人特別好，比男人對男人好。女人喜歡訴心事，男人很少向男人訴苦，通常男人只會找紅粉知己分享。

然而，女人對女人也可以很殘忍，她們用言語傷害同性，是不留餘地的。

我分別在男老師和女老師面前哭過。

女人不怕女人哭，她見你哭，愈是要罵，愈罵得起勁；如果被男人罵至哭（尤其是第一次），他們會很害怕，頓時溫和起來，哄你不要再哭。女人的眼淚只對男人是武器。

好姊妹令人欲斷難斷，她上一分鐘才取笑過你，下一分鐘又對你噓寒問暖，如果她任何時間都對你態度惡劣，那你才會決意離開她。

至於男人是否可以跟女人做朋友呢？我記得我一位男教授說：「我有很多朋友，娶老婆不一定要美女，但女性朋友就最好漂亮。」所以，如果你有很多男性朋友，那麼你的樣貌也不會太差。

女人不願低調

女人一談戀愛，尤其當對象是一個有名氣的男人，或是搶手的新好男人，就總會迫不及待的想公開自己的戀情。這個情況在年輕女子身上尤其常見，反而人到了一定年紀後，對一切看得淡然，沒興趣出鋒頭，不再介意人家的看法，於是變得按捺得住。

而男人對其女人最大的尊重，也是公開承認她是他的女友。

十年前我工作的學校，有一對男女教師是情侶。女的是個很開朗、很有朝氣的二十多歲女子，男的是個高大帥氣、斯文又很有男人味的三十多歲男人。

起初我也不知道他們是情侶，因為他們從不交談，也或許是因為他們倆跟我不同教職員室，我看不到。因很男方的人緣不是很好，有個女同事好心叮嚀我：「你不要在 XX（女）面前講 YY（男）壞話，因為他們在交往。」我才恍然大悟。

因我和男方是好朋友，我知道他極希望把戀情保持低調，他甚至從沒在我面前承認過女方是他的女朋友，充其量只說過他女友也是教師。

可是，女的就常常有意無意的顯示她「女朋友」的身分。

有次上課期間，男方和體育老師在操場打網球，我正有空堂，在走廊走著，女方正巧迎面走來。她一邊走，一邊歪著頭，牢牢望著她在樓下打球的男友，她不介意人家知道她望著他，她根本無意低調。

又因他們倆的辦公桌並排，有次我走進他們那間教職員室，見到她在男友的桌子上切水果，她還友善的問我吃不吃。這個做法，令我覺得她是想顯示自己的權力，可以肆無忌憚的在男友的桌上吃東西。

有男學生還告訴我，他曾在搭公車時，見到女的挨在男的肩膀上睡覺。她顯然不想刻意掩飾這段戀情，因為坐公共交通工具是有機會碰到學生的，這點我想她應該也知道。

這樣的日子，
挺好！

我從沒跟名人或特別有社會地位的男人交往過。

如果我有這種機會，我的態度會怎麼樣？

我想我也是紅塵中人，跟一個有名譽又條件好的男人一起，是值得驕傲的事，我也很想得到眾人的祝福，替我高興。

但作為一個女人，跟一位名人交往，卻又要偷偷摸摸，跟他聚會要「前後腳」出現，不准牽手，那種滋味並不好受。可能跟一個普通男人，光明正大的相戀會更幸福。

聽說雙子男最花心，而且最不願意肯定女朋友的身分，以方便他同時跟多個女人在一起。你受過這種委屈嗎？

我我我

著名服裝設計師劉培基說，在外國讀書，很多女生都喜歡向他訴說心事，因為女孩子都喜歡講自己。

是不是指女人特別自我中心？

經我分析，在我的朋友當中，大部分女生都很喜歡講自己，或是她認識的人的事；那些講時事新聞、講明星、講人生百態的，都是較中性的女人。至於男生，就最喜歡閒聊，他們絕少講自己的煩惱，所以他們會是很好的聆聽者。

如果你單身，當你有一個女性朋友結了婚，生了孩子，那你跟她的友誼可以說是完了，以後她的話題都會圍繞著子女考進哪間學校、配眼鏡如何昂貴、孩子不肯練琴、老師對他們有什麼評語等。

我跟朋友吃飯，最喜歡做聆聽角色，一則可以保護我自己，二則我也可以休息一下。我本身沉默寡言，我的思想，全都寫在文章裡，也夠我發洩了。

我的按摩師，以為我很喜歡講自己，她錯了。有一次，她問我：「你今年書展有沒有出書？」我無名火起，冷冷答：「不知道，不關我的事。」新書出版時間真不想向她交代。事實上我根本不想讓她知道我幹哪一行，是她強逼我告訴她

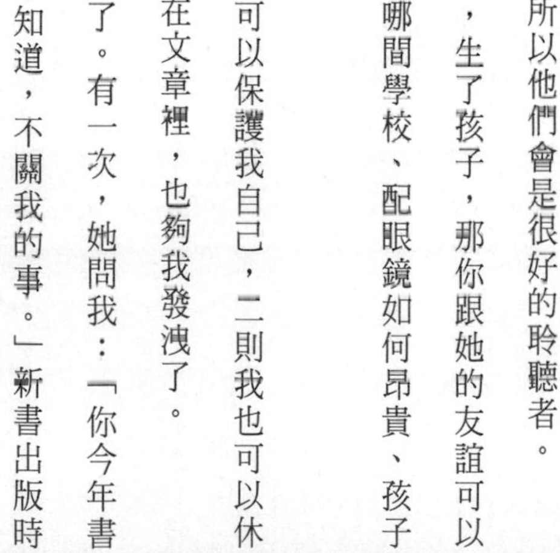

的，以後她就「跟進」了，煩得不得了。

我知道是有些女人喜歡跟陌生人講旅遊、講感情生活、講經濟狀況等，但我不是這種人。

或者我太像男人了。有些女人在回應他人的訴苦時，會以自己的經歷作開解，我不會這樣，因我不想角色對調，人家需要的是抒發，而不是聽你的故事，反而我會問他很多問題，與他分析和研究。

其實在很多方面我根本是一個男人，例如喜歡獨來獨往，不開心的時候想一個人靜靜，需要大量私人空間，又不多話，做事果斷，下決定不用跟別人商量。我的前男友也說過我的字體剛勁有力，像個男人。

話說回來，那是否不可以談論自己？也不是，不過要限定比例。說完一番話後，要問候朋友——你如何呢？這陣子你又忙些什麼？放長假會做什麼？——同時也最好記得朋友以前說過的近況，以此打開話匣子；要多點耐性，不要聽到一句便立即回應說：「我也是呀，上次我也……」然後又長篇大論說自己的事。

因愛成恨

以前有個很帥的男同事對我說，為什麼那些女同事們要排斥他？

他說，是因為當中很多都追求過他，卻被拒絕。他認為十個女人，有九個半都覺得自己很漂亮，「我那麼漂亮你都要不接受我？」，所以因愛成恨。

首先，我不認為每個女人都會覺得自己漂亮，起碼我就不覺得自己很美了。

那，追求不遂，是否真會演變成憎恨呢？

在我十多歲的時候，聽到一個女主播說：「每次我愛上一個男孩子，我都會有點憎恨他的，我會討厭自己，為什麼你要我喜歡你？」當時我尚未有什麼暗戀經驗，所以並不明白。

到了我約莫十八歲，有次跟幾個朋友玩UNO，坐我旁邊的是一個我傾慕的男孩子。我忘了UNO的玩法，但我記得我瘋狂懲罰他，想置他於死地，我覺得

很刺激、很過癮，好像報了仇一樣。

你有沒有發現，當有人講你暗戀的人是非，你不單不會生氣，還會很開心？

佛家說，愛都是苦的一種，愛一個人，有甜也有苦，你會痛恨自己，為什麼他要令我受苦？

我們亦會忿忿不平，為什麼你要吸引我？

不知大家可同意，愛一個人是無法避免的？愛上就是愛上了，躲也躲不了，不是決定我今天開始不愛他了，就真的可以忘記他，尤其是他尚在自己的生活裡。

除非，他也同樣喜歡你，並且對你好，彼此雙向的付出，那你才不會憎恨他。

誰說我們不計較呢？我們都對單方面的戀愛耿耿於懷。

有朋友說，在喜歡的人面前，可以放下一點尊嚴，向他示愛。

我覺得表白需要很大的勇氣，除非你已跟他熟得無所不談。

有些人害怕表白後受到暗戀者的鄙視，覺得你比他次一級；可是我覺得，如果他因為你示愛就瞧不起你，那是他的人格有問題。愛是無罪的，除非他已拒絕了你，可你還痴纏著他。

如果有人向我表白，我會很感動，有人愛當然是值得開心的事，難得在今日這個金錢掛帥、事事講求實際利益的社會裡，仍然有人願意付上真摯的心。

不過呢，在愛裡包含一點恨，可以給自己一個平衡，愛得沒有那麼苦，也是好的。

美化了

愛是盲目的。

當你愛上一個人，你會放大他的優點，漠視他的缺點。

所以，情變之後，為什麼你的情人突然對你有很多不滿，是你現在才變差嗎？並不，其實你這些問題一直都存在，只是因為他以前愛你，他會無限包容，甚至明明是缺點，他都當作優點，現在，你的優點，他統統當作缺點。

我曾經有一個男朋友，已經不愛我了，我和他卻還拖拖拉拉。因大家還是學生，所以我們各付各的。有次吃完飯，我連忙給他錢，他很厭煩的罵我：「為什麼給錢要給得那麼急呢？一會兒才給不可以嗎？」

於是，我以為立即給錢是錯的。下次，當我跟一個朋友看電影時，我便沒有立刻給錢，直到吃飯的時候，他才很尷尬、很婉轉的叫我付錢。

一個不愛你的人，所罵你的，並不一定是你的錯；只是因為他不愛你，所以他看你什麼都不順眼而已。

如果你深愛一個人又會怎樣？他放的屁也是香的。

不能自拔的愛，總是單方面的愛。人就是這樣，你愛的人不愛你，但又尚在你的生活圈子裡，你會愛得更投入。

聽說，作為女人，你想男友愛你多一點？那就千萬不能讓他知道你很愛他。

當你單戀一個女孩，只要她略為問候你，對你的事有一點點興趣，你就會覺得他很關心你，感激流涕，又覺得她富有人情味；可是其實你身旁的人，你紅粉知己、你媽媽、你同事都是這樣的，可是話若是由他們說出，你便不欣賞了。

你愛她，就算只是平頭整臉，也會愈看愈美麗，情人眼裡出西施這句老生常談，不無道理。

本來你會嫌三十多歲的女人很老，但因為你深愛她，你一點都不介意。

心上人未必符合你的擇偶條件的，喜歡就是喜歡，不能解釋。

或許我有一點戀愛經驗，而且我並不年輕，我即使愛上一個人，也會保持理智。

我會清楚知道他有什麼缺點，我不會以為他關心我就代表有希望，我也會很清楚他外貌上的缺點。

我不會因為他送我一件小禮物，就喜極而泣說：「啊，他對我太好了！」其實他可能常常送禮物給朋友的。

如果他得罪我，我會夠膽罵他，不是因為我喜歡他就可以任由他侮辱。

為什麼我們那麼享受被愛？我聽過一個第三者說，因為這樣可以感覺到自己

是一個女人。

喜歡你的人，讚美你肯定比沒有喜歡你的人多，或許這正是我們希望被愛的原因。誰說人只要靠自我肯定便可？說笑吧！

被愛的女生最幸福

戀愛是最好的保養品。一個女人不開心，即使用最昂貴的面霜、一天吃一公升燕窩，也不管用，還是形容憔悴，臉色蠟黃。

被追求的女人是幸福的，男人為了得到她，絞盡腦汁，勞心勞力討她歡心。我沒正式被追求過。有些男人向我表白了便放棄，有些是兩情相悅，他們什麼都不用做。

有次跟幾個女同學聊天，其中一個談到她是怎樣跟男友開始的，她說：「其實我一直也知道他喜歡我了，有次我在電話裡問他是不是愛上我，他承認了，我們便在一起了。」其他女孩子都問她：「為什麼不讓他追求一下你呢？」

在被追求的過程裡，可享有很多特權和福利，其中一樣是物質享受吧。

我有個女同學，在漫畫店認識了一個男人，被他熱烈追求。他送她一條三千元的牛仔褲，在十多年前是很昂貴的。

也有女性友人的追求者，帶她到高級酒店吃晚飯，幫她慶生。

我想，要追求女人，起碼要有一定經濟基礎。

從小到大，我媽媽都教導我，如果不接受一個男孩子，就不要收他的禮物，不要占他便宜。她年輕時曾拒絕一個追求者，把他送的禮物拿到郵局退回。

如果我聽媽媽的話，我豈不是一個大傻瓜？

一個女人，要風得風的日子也只有十年吧，何不盡量利用這美好時光，好好享受？

不過呢，如果我根本不喜歡一個男人，我也不想見他，物質我自己負擔得起，他做什麼也感動不了我。

最甜蜜，是被自己喜歡的人追求。

條件好就會有男朋友？

有時候，一個很漂亮很能幹很善良的女人仍然單身，周圍的人就會很惋惜的說：「她的條件這麼好，為什麼沒有人要？」

是不是條件好就會有男朋友，條件差就會單身？

一個人有沒有伴侶，主要是跟他的要求有關，而不是條件。

在今時今日，找個男朋友已不是那麼困難的事。可以到婚姻介紹所，也可以上網找，到討論區看看什麼人徵女友，要不到夜店等人向你搭訕，只要你不是很醜的話。

簡單來說，只要你沒有要求，或降低要求，是不怕找不到男朋友的。

那些好條件的女人為什麼單身？除了姻緣之外，很大原因是因為她們有所堅持。

可能堅持一定要找個比她強的男人，堅持要一個收入學歷比她高的，堅持要有個能溝通的，堅持要一個令她有感覺的。

至於那些要到婚姻介紹所找老婆的男人，也未必條件很差，可能在他的圈子裡真的沒有什麼女人，可能他所認識的女人都沒有一個喜歡的，問題不一定在於他本人。

談戀愛，兩人出現問題，有些女人喜歡拖拖拉拉；有些喜歡睜一隻眼閉一隻眼；有些會自欺欺人地堅稱男友對她很好，把他的缺點當作優點；有些會無限遷就男朋友；有些寧願抓住一個軀殼也比單身好。

這種女人有男友，並不一定因為她們很好，而是她們忍耐力好。

沒錯，條件好會特別容易吸引追求者，男人當然喜歡美女，但也得看她的選擇。

有些女孩子永遠沒有空檔，男朋友一個接一個，但是否每一個都真的適合她

呢？除非她真的很幸運吧，每一個追求她的都是優質男人，而剛巧她對每一個都有愛的感覺。

同樣的，有些女孩子十年都沒談過戀愛，那是否代表她很醜、很胖、很老氣、不懂打扮、品格很差、愚蠢？原因很簡單，那是因為沒有一個男人她看得上眼，又或是因為她愛的人不愛她，而她又不願跟一個自己不愛的男人一起。

覺得好女孩就會有男朋友，單身是因為沒有魅力，那是很膚淺的想法。

我認識很多優質女子都是單身的，有些四十歲長得像二十多歲，有些月入幾十萬又身材高挑纖瘦，既開朗又善良，有些又漂亮又有學歷又高職位。

有些人忍受不了寂寞，胡亂找個人嫁掉；有些人寧缺毋濫；而那些需要人照顧又剛好找到一個符合她要求的，最是幸福。

每個女人都渴望戀愛，大部分女人都想結婚。那些說喜歡單身多於戀愛的女人，泰半都是酸葡萄。

很多單身女郎，都覺得找不到男友的原因是「我太強」，自己太能幹，事業太如意，收入太高，學歷太高，而沒有男人配得起自己，沒有男人有勇氣追求自己。

作為一個女人，沒有感情生活也蠻可憐的，沒有性生活也很慘，畢竟每個女人都有性需求，只有強與弱之分。可是生存之道之一，是苦中作樂。

我們該「珍惜」仍然單身的日子。

有些女人告訴我，婚後再也不能一個人去旅行，因為老公不准許。對於我來說，不可以一個人去旅行確實是生命的一種缺乏，不過我也曾有男友讓我自己去旅行的，並非每個男人都把老婆管得這麼緊。

我建議單身女子，盡可能在未找到真命天子之前，趁這段時間嘗試一個人去旅行，將來可能沒機會了。

我認識不少女人，本來是美人胚子，婚後外型慘不忍睹；有些本就胖，也有找瘦身公司，可是生了孩子後便放棄了，任由身型暴脹；也有些是一臉雀斑也不理會，有些則完全不化妝，衣著隨便。雖然真有女人是素顏會比化了妝更好看，但零瑕疵的女人卻是萬中無一。

這些幸福太太，因為太放心了，以為反正嫁了人，老公也跑不掉，一紙婚書可以綁住他，於是放肆飲食，不修邊幅。她們不明白，男人（也包括女人）是膚淺的動物，我們都喜歡俊男美女，家裡有個窈窕美女走來走去當然是比較好，總比那個終日對孩子吆喝、與時代脫節、致力搶購減價貨的歐巴桑好。

而單身女人，因為在備戰狀態，通常都比較年輕，打扮時髦，又因捨得用昂貴保養品和做臉部護理，皮膚也特別有光澤。

單身還有什麼好處呢？

在物價指數這樣高的現在，很多媽媽們為了給子女最好的學習環境、最好的物質，而犧牲自己，放棄錦衣玉食。我們應該慶幸自己還是單身，只需養活自己

（和父母），可以較為輕鬆的消費。

單身的時候應該做的事，是在經濟能力範圍內享受人生，做瑜伽做健身，強身健體，令自己精神奕奕。多看書多吸收新知識，令自己變得有氣質。

那些很老套的豬朋狗友又說，想結識男朋友，應該多見人、多參與社交活動、學些課程、上教會、做義工，終日宅在家裡，男人是不會來叩門云云。

我倒覺得，緣分是很奇妙的，你愈刻意追求，愈心急便愈得不到，愈失敗便愈氣餒。富貴逼人，桃花也逼人來，我們確實真的可以什麼都不做，就只改善自己內在和外在，然後便靜靜等候上天的安排。

不要把「我沒有人要了」、「我這麼老怎會嫁得掉」、「我是註定做老姑婆了」掛在嘴邊，因為會造成self-fulfilling（自我實現），即使緣分來到你也會下意識避開。你應該樂觀的相信，你終有一天會找到真愛的，只是上天覺得現在不是適合的時候。

三十五歲不是極限，只要你不是太醜（抱歉，女人不能靠青春，就只能靠美

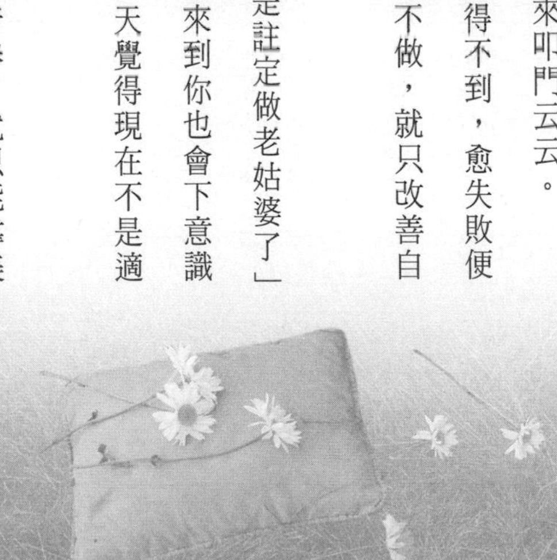

貌），資質不太差，有溫柔的性格，五十歲也有機會結婚。

齊大非偶

名模林嘉綺說，丈夫在愛上她的時候，他的事業才剛起步，覺得高攀不起她的地位，兩年後有點成就，才正式開始追求她。

我有一個前男友，一直對某朋友對他的訓話耿耿於懷，以致他在認識我之前，很多年都沒談過戀愛。這個比他大幾年的朋友說：「我老早便叫你用功讀書了，你交不到女朋友，也是因為學歷不高吧！」

他這樣說很傷人，不過又是否有道理呢？

男人最怕伴侶比自己有錢，比自己能幹，學歷比自己高，倒是女人不介意。我有一個醫生朋友說，她有女醫生同事跟一個保全交往，眾人都反對，可是她不理會。

男人社會地位高、富有，的確會因此有更多的選擇，平凡女子他可以追求，三高的他也有條件挑。

男人有魅力，事業如日中天，富甲一方，談吐幽默，有情趣，有豐富常識，即使到了五十歲，他也不愁找不到女朋友。但話說回來，男人老了也並不一定既可以追求少女、又可以追求熟女，如果他什麼都沒有的話，誰會喜歡他呢？

二十年前，鄭嘉穎跟王馨平交往，當時女的父親王羽嫌棄他沒出息，比不上女兒，導致二人分手收場。現在王擁有幸福婚姻，而鄭也吐氣揚眉，名利雙收。

所以，爭氣是最佳的報復，不是為了顯威風，而是為了自己活得快樂。

男人要是害怕自己高攀不起心上人，最好的方法就是努力、努力、再努力，多學習，提升自己，要有上進心，多修飾自己，注意自己的皮膚和體重，無時無刻都在備戰狀態。有了這些準備，當你突然為一個三高美女觸電，你也會信心十足，胸有成竹，不用幽幽地說：「我怎配得上她呢？」

害怕自己比不上伴侶，也不單是男人的煩惱。

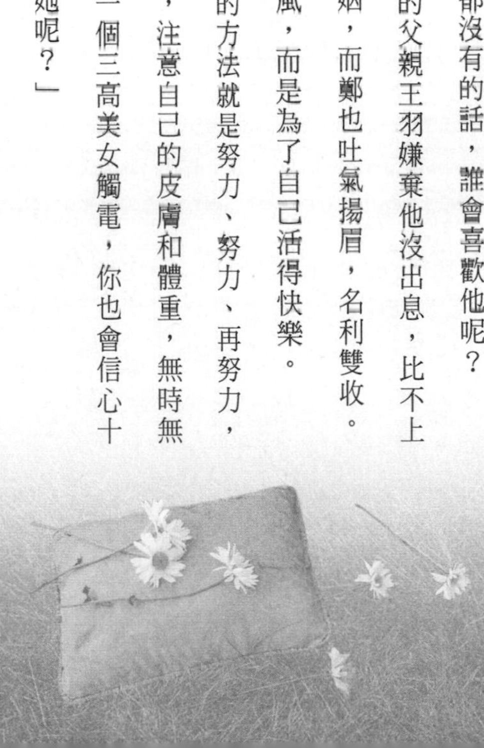

有一個擁有博士學位的男人的媽媽，不喜歡媳婦只有學士學位。

有時候男人也要求門當戶對的。

大商人或著名藝術家，需要一個唸過書的、大方得體、懂得說社交對答的老婆，以致在應酬的時候不會出醜。這個夫人，要知道在什麼時候要說話，什麼時候要微笑不語；什麼問題應該直接回答，什麼問題可以答非所問。她不可以說太多廢話，像個長舌婦，又或失態大笑，也不能文靜得一句話都不說，過於沉默又太無禮了。

有句話說，豪門的女傭人，會比窮家女更懂得應付大場面，因為她們有機會觀察，學習社交禮儀。

誠然，女人太強會令男人自卑，但也不值得降低自己身分和要求，飢不擇食；寧願慢慢挑，慢慢選，欲速則不達，感情這回事，你擱在一旁，它就會自動出現了。

結婚的關口

一個望四的男性朋友，急於在明年四十歲之前娶到老婆，正忙於認識女孩子，現在對我相當冷淡。對朋友說了這件事，她說：「四十是男人的關口，正如個個女人都得要三十歲之前嫁掉。你在二十九歲的時候也很緊張吧。」

錯，她太低估我的智慧了。

在我三十歲的時候，我肯定沒有想到結婚問題，當時正失業中，我最希望的是找到工作。一直以來，對我來說，事業的重要遠勝於婚姻。戀愛不是不重要，而是工作更重要。

一個人，不論是男人還是女人，如果愛情至上，為了愛情，可以捨棄工作、前途、財富、健康，那真可說是個很不自愛和沒志氣的人。我們可以深愛自己的愛人，但萬萬不能愛他多於愛自己。

結婚並沒有錯，我不反對結婚，只是是否人人都適合結婚呢？又，是不是人人都有這需要？

世俗標準，人生的三步曲是戀愛、結婚、生子，如果有人不走這條路，便被視作不正常，世人的膚淺可見一斑。

我媽媽有個朋友，每次見到她的朋友都會追問：「你的女兒生了孩子沒有？還沒有嗎？不可以的，你要催促一下她！」這個歐巴桑思想幼稚，誰說一對夫妻就一定要生孩子呀。

我朋友又說，我像她的妹妹那樣，以為男人只喜歡年輕女子，所以以為自己不會有人喜歡。

我不明白為什麼她對我會有這種誤會，我不認為自己的吸引力會遜於二十多歲的女孩子。

什麼樣素質的女人，就會吸引到什麼樣素質的男人。便宜貨的銷量永遠會比上等貨好，女人也一樣。

女人的人生經驗，可以形成她的氣質，三十歲女人的淡定和風情，是在年輕女子身上找不到的。只有膚淺和缺乏自信的中年男人，才會鐘情於青春少艾，找個可以做他女兒的女朋友，誤以為自己也會變得年輕，試圖抓住青春的尾巴。

年輕有年輕的活力，成熟有成熟的智慧，中年男人和女人也有其魅力，我不明白，為什麼那麼多人也這樣眷戀青春？

人一定要喜歡自己，欣賞自己，充滿自信，這是作為一個人的責任。你要先喜歡自己，才會有人喜歡你。

男人即使在四十歲仍然單身，只要他有事業，對社會有貢獻，他也是一個有價值的人。難道一個無業遊民，但是又有家室的男人，比一個事業有成的單身男人更值得驕傲嗎？

再者，即使一個男人到了四十歲仍未找到老婆，也不代表他要孤獨終老，只要有事業、有才華、有經濟基礎，不愁找不到女朋友。女人也一樣，四五十歲仍然有機會，而且我更覺得三十歲其實根本就還很年輕。

結了婚就沒有自由？

深雪在微博寫道：遲婚的女人，應該慶幸自己比別人多十年自由。

那表示，結了婚便沒有自由嗎？

我沒結過婚，所以我也不知道，只是覺得並不是所有女人都享受和需要自由的，尤其在我待的這個城市。

這兒的人不如外國人那麼喜歡獨處，平時我上餐廳，雖然有很多女人一個人吃飯，但很少是年輕和打扮入時的。

我有個女性朋友會打電話跟我說：老公要在晚上上班，她一個人睡，真不習慣。所以她是真正需要結婚的。

我或許有點不一樣，在談戀愛的時候，卻仍希望有些時間是屬於我自己的，希望可以一個人逛街、一個人旅行。某些方面我可以遷就他，但生孩子是絕對不能。我愛他，但不代表我能夠失去自己。

談戀愛並不會失去所有自由，所以我喜歡戀愛，我終究可以一個人住，一個人睡一張雙人床。

有男朋友當然好了。

我從沒跟唸音樂的男人交往過，我也希望有男朋友陪我聽音樂會，可以一起討論。男友跟朋友是不同的，如果朋友陪我聽，那我寧願一個人。和看電影不同，看完一部電影，隨便再找哪個人跟你討論也可以，但音樂不是人人都喜歡的。

有時看廣告，知道背景音樂是一首名曲，但又不確定是哪個作曲家所寫的，也不知道可以問誰。

有時做按摩，房內音樂是一首我很喜歡的古典音樂，這時便會想，如果可以跟一個唸音樂的男朋友分享就好了。

我想，結了婚也可以享受自由，這並非不可能，只要老公也是一個需要私人空間、和不干涉你生活的人就好。

我的姑母就很慘，因為我姑丈不准她化妝，也不准她穿涼鞋。我也被男友管過，但他只是不准我穿得太性感而已，這倒是合理。

如果我老公一定要我放假陪他，不准我自己去做瑜伽、按摩、逛街，強逼我跟他上街，那我會很辛苦。兩天假期，最少有一天要屬於我自己的。

以前我跟男朋友說，我有個女同學很喜歡一部電影，她男友沒興趣卻也陪她去看。我說，我不懂她為何不自己去看？他說我這種想法不對，兩個人應該一起分享。

我最怕朋友陪我看她沒興趣的東西，因為會怕她悶，我也逛得不爽快。最不喜歡朋友陪我購物，我一個人會舒服得多。

凡事有得有失。

不結婚便什麼都要靠自己，在家裡沒有一個聊天的人，老了沒有人照顧，除非可以僱用護士和傭人各一。

結了婚就要互相遷就。

我更愛我自己

不論我多麼深愛一個男人，我也不能愛他多於我自己。

例如我只有一碗飯，我不會甘願分給他半碗而令自己挨餓。

我不會為了討好他，而做不願意做的事。如果他很喜歡跳舞，叫我去學，但我本身對舞蹈沒有興趣，我就不會為了要讓他高興而勉強自己去學。

如果我知道我和他是100％沒發展機會的，例如他已婚，或已表明永遠不會愛上我，那我為了保護自己，會跟他斷絕來往。

如果我知道我每見他一次，會愛他更深，只會令自己更不快樂，那我也會暫時不跟他見面。雖然見到他那幾個小時是快樂的，但痛苦卻是長久的，划不來。人生這樣痛苦，可以避免的為何不避一避？

如果他干涉我的自由，例如不喜歡我化妝，不准我跟某些朋友來往，我會立

即和他分手。

如果他很喜歡吃路邊攤，要我陪他站著吃，我也不會跟他一起。

我的性格並不隨和，不論朋友或情人，要是要我遷就得太多，我會疏遠他。或許是因為我太可以獨處了。

我有我的原則，我不能失去我自己。

雖然，愛情帶給我們的快樂，是別的來源所不能代替的，但做人也要理智一點。

我有兩個女性朋友，本來在香港某大學唸一個文憑課程，跟同學交往；後來有學士課程錄取了她們，她們就轉校了。我很欣賞她們的做法。

事業、財富、健康和尊嚴都是必需品，但愛情只是奢侈品。有感情生活當然理想，但少了這一環也不會死掉。

有伴侶當然好，但不要強求，遇到適合的才一起，沒有的話，好好保重身體，注意飲食，做適量運動，作息正常，讓自己老了也可以自我照顧。

只要一愛得苦，要我有所犧牲，那我就會放棄了。有誰比自己更重要呢？

軀殼

我對愛情的堅持，是兩情相悅。

如果是我一廂情願的愛我的男友，拖拖拉拉，我會覺得自己很不自愛。同樣的，若他是一個條件很好、也對我很好的男人，可是我不愛他，我只當他是我哥哥，有感情而沒有愛情，這也不行。

大多數女生不能做到的，是離開一個已經不愛自己的男人。

一個月才見一次面，一星期才聊一次電話，也好過什麼都得不到。他不愛我，可是看到他也高興。

我們都不肯面對現實，害怕重新適應一個人的生活，沒有男人的噓寒問暖，沒有一個可以隨時打電話給他的人，沒有人陪我們買電子產品，沒有男人陪我們

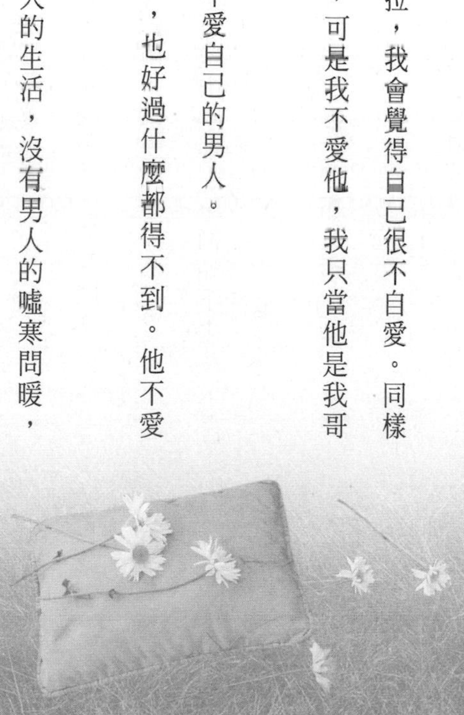

應酬，沒有可以在搭車的時候依偎的身體，沒有人幫我們結帳……。

苦戀比單身更痛苦，人人都明白，但我們都願意墮落。

我們都是高貴的公主，我們都是父母的寶寶，為什麼要受這種委屈？

為什麼要我們跟男友在街上行走時，要保持距離，連牽手都不可以？

為什麼要忍受男友在約會當天，因為一些不是理由的理由，例如下雨或太累而爽約？

為什麼要在晚上苦苦等候，等男友看完所有電視節目，才願意跟你聊三分鐘的電話敷衍你？

為什麼要看著男友開心送紅粉知己回家，而自己卻要在深夜一個人回家？

為什麼要忍受他的不屑？你每次訴苦，都要被他諷刺和責罵？

他對你的煩惱毫不同情，還叫你要精神獨立，學習一個人處理問題。

他不會因為你的成功而替你高興，而當你失敗了，他便會落井下石。

你說想自殺，他的反應竟是冷笑；你哭著打電話給他，他會把電話關掉。

他甚至會建議你到外國留學，嘴裡說想你學習獨立生活，其實是想你離開他，愈遠愈好。

有自尊的女人才會受到男人尊重，自愛的女人才會令男人愛你。

通常，有自己興趣和社交圈子的女人，會比較容易應付失戀；那些把愛情視作生命全部的女人，一遭拋棄，便整個人被毀掉。

人最可憐的，是因為放不下一件事，而什麼事都肯做，什麼都忍受得了，我們何必這樣下賤？

磨腳之苦

不少女人，為了一雙鞋子，甘願忍受它為雙腳帶來的痛楚。我倒覺得，做人的痛苦已夠多，為了生計、為了精神需要，我們不得不向現實低頭，但能夠避免的，又何必再讓自己受苦？

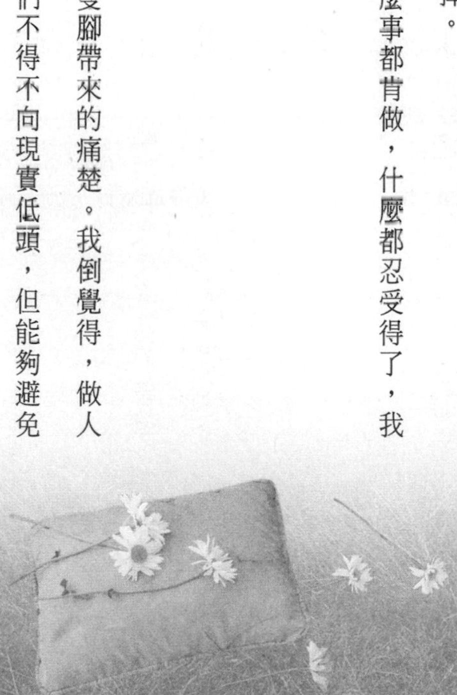

最怕穿新鞋子，因為十雙新鞋，有九雙都會磨腳。有一次在一家大型百貨公司買了一雙減價的鞋子，穿了幾次仍然磨腳，磨得我的腳跟血淋淋，於是我要求退費，而他們也很合作。

有次我穿新鞋出外，已經貼了膠布，也沒有作用，剛巧我到美容沙龍做按摩，便乾脆穿著她們提供的紙拖鞋離去。沒錯，穿著紙拖鞋走在街上令我尷尬，但總好過受皮肉之苦。

本打算依舊坐公車回家，但因鞋底太薄不舒服，所以我坐計程車。

我只是不明白，為什麼很多女人都這樣鍾情於高跟鞋？

我家裡只有一雙高跟鞋，是船跟的，買了四年從沒穿過，看來也要捐到慈善機構了。

穿平底鞋很舒服，可以走得快一點。我覺得性命比美麗重要。

是否可以穿高跟鞋，也得看一個人的生活模式。如果有轎車接送，又不用上班的貴婦，一出門便上車，然後直接到酒店的 cafe 喝下午茶，那當然可以穿高跟鞋了。

人口稠密的都市，不適合穿得太美，人們爭先恐後，不肯禮讓，被人推撞一下那就很危險了。有次坐捷運，站著，有個伯伯也站著，他整把傘垂直戳在我的腳掌上，我痛得要命，他卻不知道，還若無其事的拾起傘。難道我罵他不成？我相信如果我這樣傷到人家，是一定要挨罵的。

說回到鞋子上，很多高跟鞋，根本沒有美感。

有些雙腳天生有缺陷的人，如長短腳，其中一隻腳的鞋底特別厚，以作平衡。現在有些女人的高跟鞋就像這種鞋，鞋底有幾吋厚。不同之處只是兩邊都加厚。

我喜歡簡單款式的鞋子，但設計上卻有心思，所以在連鎖店很難買到喜歡的款式。

有一年在維也納，見到一個男人赤腳走在街上，怡然自得的態度，臉上掛著一個微笑，我很佩服他的勇氣，我行我素，解除束縛，不過或許在外國才可以這樣吧。

出身與品味

到醫院複診，見到一個名人太太，她帶著一個少女及其外籍男友一起看醫生。吸引我的，是她的打扮。

她穿著一條圖案及膝裙子，搭配一件鮮黃毛外套，襯平底鞋。雖然她個子不高，但一點都不胖，小腿還很纖幼。看得出服飾屬高檔牌子，特別但又不誇張。她的衣著一向大獲好評，連造型設計師都讚好。

一個人的衣著品味，可反映他的出身、背景和學歷。

這位太太本身是千金小姐，也是知識份子，所以談吐大方，穿衣也從不失手。富裕的出身為她培養出優秀的品味，所以品味真需要時間浸淫的，並非一朝一夕之事。

那些暴發戶是不一樣的，暴發戶只懂把名牌往身上堆。我最討厭有大型

Logo的包包，例如兩個扣在一起的C，或乾脆是巴黎街道名，生怕人家不知道他的包包值幾十萬塊。

真正的高招，是看得出是高級貨，但又看不到牌子名稱。

衣服是貴還是便宜，明眼人可分辨出來。優雅和別緻的款式，或很特別的顏色和質地，是普通牌子找不到的。

有時我逛高級商場，最喜歡留意貴婦們的打扮，那些服裝，是在普通服飾店找不到的，而且這些地方的女人也特別窈窕。通常學歷高的人，也較有自制能力，所以肥胖者也較少。

我很喜歡在日本逛街。真正好看的，讓我停止呼吸的，都是日本製的。而且價錢統統是一萬日圓以上。

現在已很少在本市逛街，看得上眼的也貴得令人咋舌。

不再年輕

幾年前，當我還是三十出頭，有次跟兩個同學去吃自助餐，其中一個感嘆說：「我們真的老了！」

很多女孩子在二十歲的時候，覺得三十歲的女人很老，我也不例外，萬萬想不到自己也有三十歲的一天。

現在我看那些三十歲的女人，倒還覺得她們很年輕，絕對不怕嫁不掉，因為三十距離我現在的年齡也很遠呢。

其實，四十之前也可以以年輕來形容，我想我到了五六十歲，會覺得三十多歲的女人很年輕。畢竟三十多歲仍然有月經，三十多歲也可以獲傑出青年獎。

年紀是否老，也要看一個女性的職業，例如三十多歲的教師還很年輕，但三十多歲的空姐就很老了。

以前我們會怕很多人，現在什麼人都不怕，因為很多老師和技術員都比自己小。例如我去做瑜伽，所有導師都是比我年輕的，所以雖然他們是我老師，但我只會敬畏他們，而不是害怕他們。

做美容的，也有很多比我小十年的，所以我會當她們是小妹妹，有時她們給我意見，我心裡還會暗笑：「我經驗比你還豐富呢！」

很多理髮師，甚或是要唸多年大學和實習的醫生們，也比我年輕（除非是專科醫生）。小時候覺得醫生是高高在上的，現在覺得自己才是他們的長輩呢。

有些工作過多年的女人會重返校園，但或許我自信不夠，我真的不敢，跟一群比自己年輕十多歲的同學相處，真怕格格不入，又不知他們可會嫌棄我。你想想，連有博士學位的教授都比自己年輕，真令人尷尬。

我們都希望自己長得比實際年齡小，每當有朋友取笑我們的同齡女友又老又憔悴，我們都會沾沾自喜，覺得自己比她們好。問題是大部分女人都有個毛病，就是一廂情願的以為自己好青春。千穿萬穿，馬屁不穿，重遇舊朋友，他們禮貌

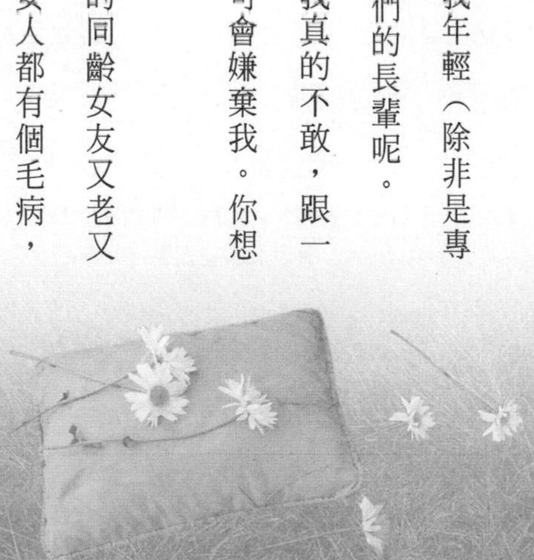

上當然會說「你跟十年前沒有什麼分別啊」、「你為什麼可以保養得那麼好」，我們都很陶醉，但事實是否如此呢？

不過，有時成熟並不等於老，就算我們真的不能扮二十多歲的少女，也不代表我們是殘花敗柳，成熟有成熟的風韻，三十多歲女人的那種風情，也有一種吸引力，淡定優雅的姿態也可以是一種美。

成熟的吸引力

最重要的，是性格、談吐、思想和成就要與年齡相符，有些三四十歲的女人，縱使青春活潑，但說話幼稚膚淺，高格調男人是不會欣賞的。

望四的女人，只要沒有皺紋、沒有白髮、沒有發胖，有智慧、有內涵、有修養，減少抱怨，多點感恩，作息正常，也可以很美麗的。而適量的工作和與時並進，不斷學習，也可以令女人看起來年輕。

有三四十歲的朋友說，在一群二十出頭的年輕人群裡會自卑。

我倒沒有這種感覺，我反而喜歡跟年輕人一起，他們朝氣蓬勃，因未受社會汙染，尚未有最切身的煩惱，清純如蒸餾水，笑容純真，也特別有幽默感。

也有些女人，覺得自己不如少女青春，覺得跟她們一起會給比下去。

青春有青春的魅力，成熟也有成熟的吸引力。五十歲女人也未必比十多歲的少女遜色，我想沒有人會認為任何一個嫩模會比得上鍾楚紅的艷光。

以前上的教會，有一個女教友，我本來以為她廿七八歲，不是說她老，而是她有一股淡定優雅的氣質，氣定神閒的，沒有誇張的表情，不會無故瞪大雙眼，也不會發出嚇人笑聲，很自然、很斯文的樣子，後來我才知道她才大約二十歲。

所以說，成熟的態度也有其好處，笑容溫暖如和煦的陽光，令人賞心悅目，是一種超越年齡的美。

只有膚淺的男人，才會喜歡蹦蹦跳，滿口廢話，自我中心，沒有腦子的小妹妹。

至於男人，我也認為四十多歲的，有點人生經驗、有品味、成熟穩重、又懂得尊重女性的，會比二十多歲的小夥子令人神魂顛倒。

因人到中年，閱歷豐富，在各個範疇都有一定認識，這會令他成為一個有趣的人，說話很有意思，跟他聊天也獲益良多。

正常來說，智慧會隨著年齡增長，而四十歲比二十歲優勝之處，就是前者判斷力較強，較有主見、理智和世故，也知道什麼問題應該立即解決，什麼問題可以擱在一旁讓它自生自滅。他在困境面前也姿勢漂亮，從不失態。

我從沒喜歡過比自己小的男孩子，所以不明白為什麼有些貴婦會跟年輕人搞上了。我不介意跟比我大十多歲的男人一起，但比我小一天也不可以，雖然智慧未必跟年齡成正比，但我就是不喜歡。

聽說雙子座的女人最容易搞姊弟戀，因她們心境年輕，又不過時，會跟年輕人很合得來。可是我卻沒有這個喜好。

只要成就和性格成長與年齡成正比，年紀大並不可恥，何況四十之前都還可以當選傑出青年呢。

做男人比做女人好

老生常談是，男追女隔層山，女追男隔層紗。

錯了。

男追女，講的是持久力、恆心，最重要的是煩死她（只要她是單身的話），女人容易被感動，她會由不愛你變成愛你，只因為你對她好。

女人需要男人照顧，只要你當她是公主，只要你鍥而不捨，終有一天會成功。

通常，女人對戀愛的需要比男人大，男人沒有女朋友不會很沒面子，即便四五十歲仍然單身，有一點事業成就的男人，還會被稱為鑽石王老五；女人呢，三十歲已算是剩女、敗犬了。

一般來說，男人比女人獨立（也有例外的），我想知道，有多少個女人曾一

個人買電腦？而會一個人去看展覽的，也是男人較多。女人很多事情，小至挽行李、換燈泡，大至搬家，也要男人幫忙。

所以，女人對男友的要求其實不高，男追女並不太難。

男人呢，不愛你就是不愛你了，女人不能「感動」男人。如果他已拒絕了你，你仍然有意無意表達愛意，他會覺得你很煩。

我聽過不少男生拒絕女生的例子，當中有些男人還是單身的，也有的是追求者非常美麗的。男人喜歡美女，但男人不會沒談戀愛就死掉，所以他們對伴侶會有所要求。

男追女天經地義，男追女並不是撕破臉皮；女追男就是沒矜持了。

男人愛上女人，可以直接說「我很喜歡你」，沒有人會瞧不起他，還會欣賞他一往情深；如果女人這樣直接，就是不要臉。所以女人追男人有難度，只能暗示，不能做得太明顯；但也因不夠明顯，所以男人未必能收到訊息。

下賤的男人，還會到處炫耀追過他的女人，讓旁人都會覺得她很 cheap；女人很少會炫耀誰追過她的，她只會說「我有很多人追」。不過如果她這樣做，那她一定是十年才有一個追求者的。

男人可以做的，是示愛，然後靜候佳音；女人可以做的，是請教他、約他，然而這些朋友也會做呀。幸運的女人，就是自己喜歡的男人也同時愛上她，那她就可以「坐享其成」了。

這樣的日子，
挺好！

第五章

老師沒有教會的人情世故

不要在比你弱的人面前講自己的成功；謙虛不是為了有好修養，而是一種智慧。

無禮

很多年前，當時我正讀大學，在做暑期工。

有一次，約兩個國中同學吃晚飯，臨時卻多出現一個人：她們倆的大學同學。這個同學，是她們的朋友，不是我的朋友，我從沒見過她。

當下的感覺是憤怒，覺得不受尊重。翌日上班，我同事說我對上司的態度很兇，像向他發脾氣似的，因為我的心情尚未平復。

你要多帶個人來，至少也問問我的意見吧，或者我只想跟你們談心呢，我不想有陌生人聽到我的秘密。

如果是每天見面的同學，那是可以的。在我唸大學時，有時同學也會帶一個其他學系的同學來，我會很高興多認識一個朋友；我跟自己的同學常常有機會聊天，多一個人也不礙事。

可是我這兩個國中同學，我們一年才聚會一次，在這麼難得的機會，竟有一個人阻礙著。

最沒教養的，是有些女孩子，明知請客的是男方，卻多帶一個女性朋友來，強逼他多請一個人。

有時這個「第三者」還會在結帳時演一場戲，假意掏錢包出來，問每人多少錢。那也是多餘的，難不成那男性朋友會只請自己的朋友，卻跟她 go dutch 嗎？

最不堪的，就是問都不問，好像認為男的付錢是理所當然的，連句謝謝都沒有，吃完飯嘻嘻哈哈拍拍屁股走人。

又有些女孩子，不知是有公主病，還是愛炫耀幸福，每次跟朋友聚會，總會拉著男朋友一起來。我們這群人是沒所謂，人多的話也不會分享什麼秘密，風花雪月而已，可是卻難為了那男生。除非是很健談的，否則我們未必與他投機，我們的話題他也未必感興趣；而他自己的事，可能也不想跟我們這群陌生人分享，所以他只能悶在那裡，為了禮貌強顏歡笑，還有個任務是要幫大家添添茶、張羅

食物，更慘的還要負責買單，飯後還要送女朋友回家。

有時我搞聚會，想多帶一個共同朋友來，也還會問問其他人的意見，或許他們不喜歡他呢。更何況是一個他們不認識的人！

女孩子都知道，見不同人，我們的打扮會有所不同；事先通知一下，才可以給她們一個心理準備。

這些人情世故，學校沒有教，但我們不能不懂。交朋友的基本條件，就是不能讓別人討厭你。

隱私

在書店翻閱一本教儀態的書，說到美國人最注重隱私，關於人家的家庭狀況、健康狀況和收入等，是絕對不能問的。

如果咱們也像美國人這樣尊重人權，那就好了。

我們認識新朋友，或在臉書找回舊同學，開場白總是問對方的工作；這個還勉強可以，但當知道了對方的職業類別後，就不應該再問下去了。有些人喜歡打探人家職位的高低，那是很無禮的。

有些人回答的不是一個職業，而是地方，例如「我在機場工作」，那我們應該要停止，不能再問「你是空姐嗎？」、「你是海關人員嗎？」。如果人家說「我在人事部工作」，那你也不該再問「你是人事部經理還是職員？」。

我也認識一些朋友，會直接問我的收入多少，通常我會答「夠我花吧」，或者說「還算合理」。其實答了等於沒答。

我真的很討厭多話的服務人員。

我之所以喜歡現在的理髮師，是因為他絕口不問我的事，只談談護髮之道，有時又會問我去了哪裡旅行。

不過如果他們真的問你職業，你可以怎樣答？

有時他們問我是不是上班族，我會隨便說「是啊」，問我今天放假嗎，我又

說「是啊」。

以前教書的同事說，光顧美容沙龍，她會有一個「標準答案」，我真想問她作什麼答案是最有「說服力」的。因為除了這個答案外，你還要準備美容師得到答案之後接著問的其他問題。

曾經有一個教英文的外籍同事，跟我甚為熟稔，每當我備課時有不明白的地方，我都會請教他，因為我相信他多於相信其他同事，而且他一定不會說我閒話，不會背後取笑我連這個都不懂。他說他住郊區，我很想知道他是單身還是已婚，但我也極力按捺住自己的好奇心，最後直至我離開學校、永遠都沒機會再見到他後，我還是不知道他的婚姻狀況。

我跟某朋友說到一個任職醫生的共同朋友，新婚，我問她那新郎是不是也是醫生，朋友回說不是。其實我很想知道一個幹什麼行業的男人才配得起一位女醫生，可是我也沒有再問。我心裡很想知道，但過不了自己那關。

人家的事，他想說的話自然會說，我們要打開話匣子，可以問一些概括的問題，例如最近忙什麼，放假會做什麼；如果對方關心時事的話可以談談國家大事；對方是愛美的女孩子，可以談談最新推出的化妝品；若對方是一個喜歡電子產品的男人，可以以最新手機的功能作為話題。可不一定要做「訪問」的。

識趣

如果你約一個人見面，他第一次說太忙沒時間，那還可能是真的；如果他第二次、第三次都這樣說，那他就是不想見你。你還要厚著臉皮再約他嗎？

如果你發簡訊給朋友，他第一封不回覆你，那可能是收不到或看漏了；如果第二三四封都不理睬你，請你機靈一點，不要再發信息了，先等他回覆吧。難道你想看他大發雷霆，給你一個「你不要再煩我」的簡訊嗎？

如果你寫電子郵件給朋友，請他幫你做一件事，他沒有回覆，那就是不想幫你，你也不用追問：「你考慮的怎麼樣啊？」

如果你請朋友陪你出席一個活動，他說：「我不知道當天有沒有空呢！」那他就是不想去了。

當你問人一個問題，他顧左右而言他，又或是打太極，又或者反問你，你也不用回到正題，非要他正面回答，這樣會惹人討厭。

答了等於沒答，就是不想回答了，這些人情世故你應該懂得。

如果他以沉默作回應，也是不願回答，你不用真的等候他，以為他在思考答案中，你應該立即改變話題，以免令氣氛尷尬。這個我三歲就已經學會。當時我有個問題問媽媽，見她不出聲，就知道她心情不好，然後我會放棄。

有朋友說，曾在做按摩時，按摩師問她：「你的職業是什麼？」她答：「我今天放假。」「你是不是文員？」「不是。」「那你是什麼工作的？」……叫我朋友啼笑皆非。

又有個朋友，她懷孕時坐捷運，有位少女用疑惑的態度問她：「你是不是懷孕了？」她笑而不語，少女再問，直到我朋友下車了，她仍跟在後面追問。這就是蠢鈍和無禮了。

你以為自己是記者？記者會追著新聞人物，問很多尖銳問題，那人會微笑不語。他們是記者，必須這樣做，但我們待人接物，是否可以圓滑一點呢？

關鍵就是要會看他人的反應，如果他很冷淡，就是不願意了，你又何苦咄咄逼人？

人與人之間的誤會

有時我們對人得不到預期的反應，便總是以負面去猜想他的心理。

看雜誌訪問勞工朋友，一個受訪者是蒸餾水運送員，他說，把蒸餾水送到辦公室，他跟職員們打招呼，他們卻沒有理睬他，於是他覺得自己受到歧視。

有時人家沒有反應，也不一定是惡意或故意的。

以前在學校裡有一個教英文的外籍教師。有女同事跟我說，他曾找她抱怨，

說在他道早安的時候她沒有理睬他，我同事戲稱他是「容易受傷的男人」，她說：「有時真的聽不到嘛！」或許這與外國人的文化有關吧，他們很需要受尊重。

有次我在餐廳，正在低頭按手機，有個正準備坐到我旁邊桌子的男人忽然說：「各位好！」我抬頭看他，原來他正是服裝設計師鄧達智，他正對我微笑；因為太突然，我不知如何反應，連忙低頭繼續按。這不代表我不歡迎他，也不代表我討厭他。如果他是敏感的人，一定會怪我沒有和他打招呼了。不過我相信他不是這種人。

又有一次，我在公車總站等車。那天我有心事，有點呆滯，當時車站只有我一個人，而我正在做白日夢；這時突然有個男人經過，對我說了聲「Hello」，我以為是公車司機叫我到別處上車，所以望向他，才發現原來是公車清潔人員正在對我點頭微笑，不過因為我那天特別遲鈍，所以沒有做出反應。同樣的，這不代表我瞧不起他。

我也受過不少委屈，有時沒有目的的一句話，朋友以為我在炫耀，反被他嘲諷。

有一種女人，我們只是好心想提醒她，她卻以為我們嫉妒她。狗咬呂洞賓。

你是不是也有這種多疑的毛病？例如朋友拒絕跟你吃飯，你會以為他不想見你？你可能會說，忙也要吃飯呀，但有時他未必是忙，可能他心情不好，不想見人而已，總之他不是針對你。

雖然我們不要想得太負面，但對於某些人確實要警惕一點，例如推銷員，他們會皺著眉頭，用很同情的眼神游說你購物，好像是為你好似的，但其實他只想要你的錢。你要知道商人跟朋友的動機是有分別的。

尷尬

有些時候，我們不知做什麼好，眼睛看哪裡好。

新聞完畢後，字幕在跑，鏡頭仍對著新聞播報員，他們不知怎地，總是把稿

子整理好久，對齊又再對齊。因為他們不知道怎樣打發那漫長的十秒。

我最怕跟話不投機的朋友吃飯，大家相對無言，也不能不停的吃東西呀，那只好不停喝水了。

約了朋友，在集合地點，老遠見到對方走過來，這時眼睛也不知往哪裡看好，望著他呢？還是往周圍看好？又還是低頭裝作按手機？

女人是特別怕尷尬的。

到水療中心做SPA，接待人員領我到更衣室，走過長長的通道時，她總會問「放假嗎？」、「第一次來嗎？」，尤其是一起搭電梯的時候更是會刻意說些什麼。但其實兩人一起但不說話也不會很怪啊。

有次做完按摩，服務人員帶我到另一層買潤膚露，我和她一起等電梯，電梯卻遲遲未到，她好像很著急似的，渾身不自在。其實大家一起沉默也沒有問題的。

我也怕尷尬。

例如在日本購物，日本人注重包裝，會不疾不徐的仔細處理。而他們包裝商品的時候我也不想緊盯著他們，令他們有壓力，所以只得望望周圍的廣告文宣。

很多年前，在一家美容沙龍聽到兩個美容顧問說，蔡少芬常常來購物。她們說有一次她帶著當時的男朋友吳奇隆來，吳也是百無聊賴，到處看看保養品。

所以我不會讓男朋友陪我逛街，除非是電器、精品或一些中性的商品，難道我每看完一件衣服，他也要來翻一翻嗎？要他陪我看女人的東西會令他很尷尬的。

我也很怕陪女性朋友買衣服，她們試完一件又一件，而我已逛完整間商店，我在店內已不知可以做什麼了；加上很多服飾店都是沒有座椅的，我站在那裡便好像成了阻礙似的。當然，我自己也不喜歡有人陪我買衣服。

可能因為出於尷尬，很多年輕人，跟人說話的時候都缺乏眼神接觸，雖然國小老師應該都已經教過：說話時望著對方是禮貌。

二十出頭，曾跟一個新認識的同校但不同系的男同學吃飯，臨別時他對我說：「你下次出來不要穿短裙了，我雙眼不知望哪裡好。」難道我不能有穿衣的自由嗎？

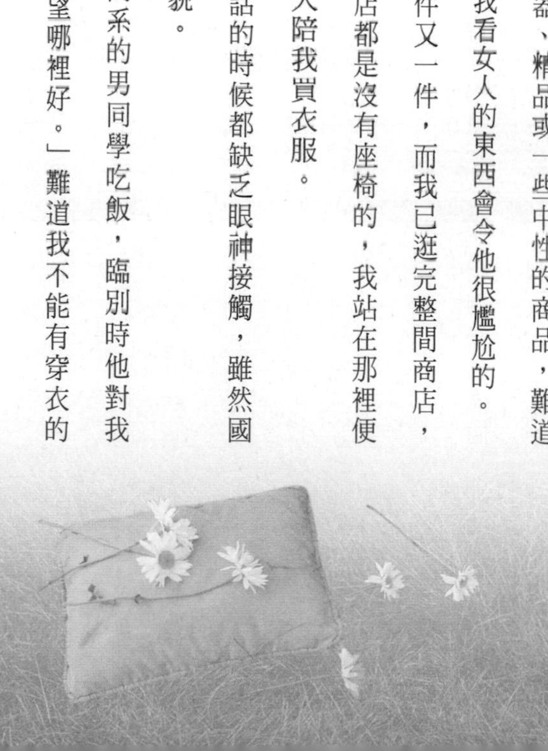

人最無地自容的，是讓人家知道你看著哪，所以戴上太陽眼鏡最好。

假聲音

在我國小時，對於某位伯母的評語耿耿於懷。那時我常常打電話給我同學，有時是她母親接聽電話，我會說：「麻煩您，XXX。」這位伯母對我同學說，我的聲音冷冰冰的，沒有高低音。

長大了，我懂得用假聲音。

大多時候，我跟服務員說話、跟朋友說話的時候，會故意把聲調提高幾個key，令人感覺親切一點。

其實，我的聲線很低沉，為免引起人家誤會，我只好高音一點。

覺得自己好假，扮溫柔、扮愉快，但誰叫我的聲音天生不動聽呢？

只有在跟我媽媽說話的時候，我才可以做回自己，用自己的聲音。

你留意一下，周圍有很多人的聲音都不是真的。

到美容會館，幫你做臉部護理的小姐，我不相信個個真有這樣柔弱的聲音。

飯店的服務員，那聲音一樣是裝出來的，好像很誠懇的樣子。

我平時扮高音沒有問題，可是在我情緒低落的時候就有困難了，我會沒有氣力說出輕快的語調。

我們好像為人而活，為了令人舒服一點，連聲音都是假的。

我有個打扮中性的女性朋友，說話沒有尾音，也沒有語氣，我真羨慕她，她可沒有理會人家怎樣想。我了解，她的聲線就是如此，但她的人沒有惡意的。

以前有個同事聽我講電話，說我談吐斯文，但其實那並不是我，我只是與社會妥協而已。

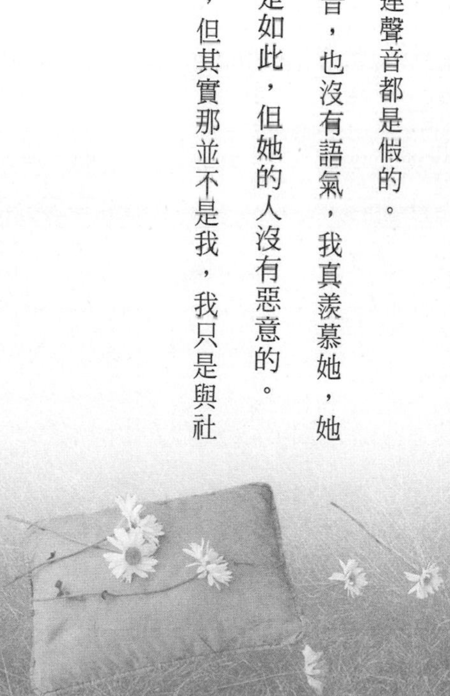

不敢吭聲

小時候我媽媽說過一件事。

有次到早餐店想喝豆漿，點餐的時候，有個服務生正在挖鼻屎。當下我媽媽雖然很機靈的故意不叫他，叫了另一個服務生，但怎料這個鼻屎服務生反應特快，馬上就給她倒了一杯豆漿。我媽媽說，雖然不想要，但又可以怎樣呢？

所以，做小孩子的優點，就是可以童言無忌，大大方方說出心中的不快。

我認識一個心理輔導員，她說一有不滿，就應該立即出聲，要心平氣和的說出心中的感受；否則日積月累，之後便一發不可收拾。

比方說，售貨員態度差，她教我可以說：「你這種態度令我不舒服。」

又或者朋友說了傷害我的話，我又應該說：「你這句話令我好難堪。」

可是，知易行難，你事事表達真實感覺，就會破壞友情，更令人覺得你很小器。

因為，傷人的那個，永遠都會覺得自己沒有錯，錯的是那個不開心的人，那是他太敏感。

不過，人也不能太軟弱，有些人很壞，會試你的底線，他踢你一腳，你沒反應，他踢你兩腳，你還可以憋住痛、保持風度，之後他便會再多踢你幾腳了。

人際關係真是一門學問，怎樣可以令對方知道你不悅，又可以顧全他的面子呢？

如果一個人夠機靈，每當他說到某個話題，你都顧左右而言他，岔開話題，他便會知道你不喜歡談這個了。

我也有一些蠢朋友，問我一個問題，我支吾以對，他卻仍望著我等我回答，這是很令人氣憤的；換做是我，有時我問別人一個問題，他沒反應，我便會說別的。

談天何必那麼認真，反正又不是要拿對方的答案來寫論文。

我記得一個女作家說過，她常常即使心裡不願意，也會勉強答應別人的請

求，例如她不喜歡朋友借用她家裡的洗手間，但她還是會給他們用，待朋友離去後她便會進行大消毒。

其實我也是這種人，也因為不懂 Say No，而令人有所誤會。

那些我突然疏遠的朋友，他們也死得不明不白，不知道自己做錯了什麼事；因為我被傷害的時候也佯裝沒事，我可以在很生氣的時候都展開笑容。

有一次我到住家附近的超市購物完回家，在樓下碰到保安，她跟我談起鄰居發出噪音的問題；她以為我既然已回家了，就不需要趕時間，殊不知其實我想上去放下物品後便立即再出門。但我也不敢告訴她，反而跟她聊起來，實際上心裡卻急得要死。

有時候按摩，即使按摩師弄得我很痛，我也不會立即出聲的，忍得了便忍，真的痛很久，我才會開口叫她輕一點。為什麼我要忍痛呢？一則我不想做個麻煩客人，二則我怕她因為弄痛我而內疚。

或許我從小習慣了忍耐吧，在我成長過程中我忍很多人，忍欺負我的同學們。我是個不懂反抗和保護自己的人。

百忍成金這句話是錯的，百忍會造成精神病。我向來的致命傷是太顧及他人的感受，我們應該愛自己多於愛他人。

謙虛是一種智慧

傳統觀念教人要謙虛，風光的事要保持低調，不要到處宣揚自己有多成功，對於人家的稱讚便要連忙否認。

為什麼我們要謙虛？這不是修養問題，而是一種智慧。

一山還有一山高，天外有天，你自己覺得很厲害，但可能你只是在你自己社交圈子裡最強的一個，而在其他人眼中卻是平凡不過，人家當你是井底之蛙。

或許是受西化教育影響，我們都變得很虛偽，把人家的優點誇大。所以你千萬別太過相信別人的誇獎，千萬別洋洋自得，覺得自己是天才。人家拍拍馬屁沒

什麼吃虧，他見你開心，他自己也高興，但其實他的讚美也只是社交辭令。

懂得自己不足之處，才是大智慧。

獻醜不如藏拙，有才幹也不要外露，你怎曉得一旁的是什麼人？你所做的或許是孔夫子前賣文章，人人都當你是傻子，只是大家好修養，不出聲，個個拍掌，讓你好下台。

把自己說成普普通通，是有好處的。

你先把自己形容得很壞，人家對你期望便不會太高，到你有機會表現的那一天時，人人便會喜出望外，對你青睞有加；把自己說得太好，人家會失望的，「啊，原來也不外如是」，見到這樣的反應，你自己也不會好受。

人的劣根性，是見不得人好。我們遇到自卑的人，總是同情他，努力發掘他的優點，給他鼓勵，希望他振作；相反，我們見到躊躇滿志的人，總是要挫他銳氣，諷刺他幾句，不讓他太過癮。所以自謙會得到更好的對待。

世界這麼大，我們很渺小。要明白，就算李嘉誠也不是全世界最富有的人。

你太愛面子太逞強，人家就會覺得不需要幫忙，於是你便失去很多利益和機會。

炫耀財富是最危險的，可能與性命攸關。炫耀美貌，最多引起三姑六婆嘲笑。炫耀才華，被人當作笑柄，然後一下子就忘記你。

自己讚自己，自己肯定自己，自編自導自演，然而卻沒有觀眾，好可憐。

真正自信的人才是最謙虛的，因為他們不需要自誇來掩飾自卑。

如何謙虛？

十多年前，有次跟幾個同學在教室閒聊，其中一個說：「謝霆鋒很成熟很大方的，例如有人稱讚他，他不會尷尬的不知所措。」

你會不會煩惱於不知如何回應人家的讚美？

大學畢業時，我有個唸心理學的同學取得第一名成績畢業，我大讚他厲害，他答：「其實很多人都是第一名吧！」怎會呢？他肯定是自謙。後來他二十多歲

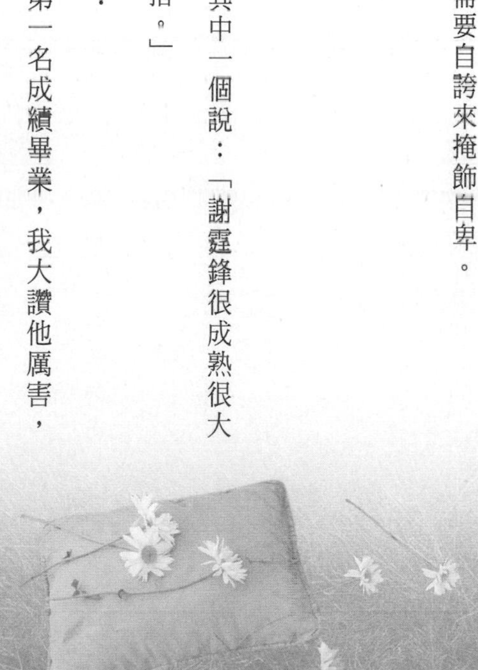

便完成博士學位，在大學裡教書了。

我們女孩子，被稱讚美麗的時候可以說什麼？

因我常常稱讚美女，所以聽過不少回應，有些會說「一般吧」，有些會否認，有些會說現在已比以前差了。很少人會說「謝謝」的。

有些人比賽勝出，或考試獲得好成績，人家恭喜他們，他們總會說「幸運而已」。

也曾有老師說我進步了許多，我會說：「是因為你教得好。」

有時人家羨慕我擁有什麼，我會提醒他們自己有什麼優點。

至於朋友說我的衣服或鞋子漂亮，我也不否認，我會說它們是在哪裡買的，或說是折扣買的，有時又會說買了幾年了。

曾經稱讚一個朋友人品好，她居然說「沒關係」，可能她真不懂如何回應呢。

在我少女時，有次跟一群朋友到某朋友家裡玩，那裡面積很大。臨別前，有一個很純真的朋友對女主人說：「你的家真寬敞呢！」對方答：「有空多來坐坐吧！」我覺得她答得很大方得體呢。

所以，多觀察人家怎樣做，自己便會進步。

常常有人說我皮膚白淨，我會說：「不曬太陽皮膚就不會變黑了，你也可以的！」其實我皮膚白是遺傳，但我當然不可以這樣說；這就好像有些謙虛的女星，她們會說自己很努力節食、做運動以保持身形窈窕，但其實她們可能根本是吃不胖的。

我又曾稱讚一個朋友守時，她說：「不是呀，有時我也會遲到的。」可是十次約會她也未必有一次遲到。

如果我們可以學洋人那樣，什麼都說「thank you」，你說多好呢！

這種遷就

我跟我的好朋友有個相同的做法，就是當我們對著一個生活水準不如自己的

人時，只要講到自己的消費，就會有所避忌，因為不想令對方不舒服，也免得敏感的人以為我們炫耀。

可是並非人人都是如此。

在我初出茅廬、手邊沒什麼錢的那一年，那時我問一個已工作了近二十年的前輩同事在哪裡買的衣服，她很自然的說出幾間名店的名字。當時我尚在一些平價服飾店置裝，聽到這幾間高檔時裝店，真覺得高不可攀；好奇之下，我走進其中一間看看，發覺全都是萬把元的衣服，是我負擔不起的。

又有一次，我說她的上衣很好看，她說：「這件衣服是在連鎖店買的，是名店的十分一價錢呢！」可是那家連鎖店也說不上十分便宜，可以想像她平日的置裝費是多麼的天文數字。

我很羨慕她，對著我這些後輩、這些窮人，可以坦白說出自己的生活水準，而不怕會傷害到我。我可做不到呢。

我有些朋友，幾年都沒去過旅行，甚至有些跟我差不多年紀的，連日本都從未去過，在我們聚會的時候，說到近況，我會絕口不提旅遊。因為先前曾有過這麼一次，當我說完了之後，她幽幽並盼望的說：「希望有一天我可以去日本吧。」令我很內疚。

我最討厭一些人，明知對方英語不好，或學歷不高，說話也要夾雜英文。

有一年，我和一個朋友分別一個人去了倫敦，我比她早幾個月去的，她去回來後便跟我通電話，聊些旅遊趣事。她說她參加當地旅行團，聽不懂外國人說什麼，雖然我沒有這個問題，但我也裝作同意地說「是啊，英文很難聽得懂」，我覺得自己很虛偽，但我也不能說「不是呀，我就聽得懂」，這會令她很沒趣的。

有時朋友說多年沒寫過字，寫一封中文信也覺得很困難，我也會笑而不語，因為我總不能說「我就覺得很容易啊」。

有些人，人家訴苦說自己缺乏了什麼，他卻連忙說「幸好我有呢」。這樣也不好，你對自己擁有的東西感恩，應該找跟你一樣幸福的人分享，而不該對不足夠的人說。

人應該多做事少說話，意見不要太多，談論自己也不宜太多，該做一個溫柔的聆聽者，多說正面的話，帶領他們從好的一面看，給予支持和鼓勵。很多人都太自我中心，對人家的事沒興趣，一聽到人家的經歷，總是急於訴說自己或身邊的人的經歷，如果遇上這種女人，她多半也不會是個好老婆。

話說回頭，雖然盡量遷就，但總是有些人特別敏感，總是怕被人家當白痴。唸大學時，有次跟同學們去遊河，到了一個島我們便上岸，太陽很猛烈，我跟一個女同學共用一把傘，我閒閒說：「不戴太陽眼鏡，瞇起雙眼會很容易長皺紋的。」她憤然說：「我早已知道了！」好像是覺得我把她當白痴似的。

因我好奇心強烈，喜歡閱讀報章雜誌，所以大概知道一般的健康常識，有時朋友提點我什麼，雖然這些知識我老早已懂得，但我也會感謝他們，不會以上述同學的態度來回應。

例如最近一次做按摩，外籍按摩師見我有青春痘，叫我吃一種寒性的中藥。以前我看過中醫，醫師說我不宜吃寒涼的食物，否則會爆發更多痘痘，但我也沒有糾正這位按摩師，反而向她道謝，她也是一番好意吧。

又曾有朋友介紹一間著名的餐廳，其實我也知道的，但我也會耐心聆聽，而不會搶白說：「這些我全都懂！」

或者大家覺得我過分壓抑自己吧，不過我也是想人人開心。扮無知可以保存對方的面子。

你敢站出來嗎？

幾年前看周慧敏的訪問，她說：「在一些情況，需要有一個人站出來說一句話，但是又沒有人敢說，我會是說出來的那個。」

這需要莫大的勇氣和自信。

回想在大學唸音樂的時候，我最喜歡聽一星期一次的「午間音樂會」。有次聽表演，我坐第二排，有教授坐我前面，即第一排。音樂才剛奏完，他便笑起來

熱烈鼓掌了。

為什麼我對這一幕印象如此深刻？因為我很佩服這位教授的自信。他坐第一排，他無法先看到有人準備鼓掌，他才跟著鼓掌；他是真心欣賞表演，情不自禁的拍起手來。

我是個膽小鬼，聽音樂會，永遠是聽到有人鼓掌，我才鼓掌的。音樂會的場刊，通常都會寫上這麼一句話：「請各位觀眾，在整首作品完結之後才鼓掌。」因為呢，例如一些奏鳴曲，是分幾個樂章的，中間會有停頓；有些不懂音樂的人，在演奏家未完成整段音樂之前就先鼓掌了，這會引起尷尬，亦會騷擾到表演者。

我相信自己不會拍錯掌，但我還是不敢做第一個。

以前教書，有次我在課堂上一時激動而說錯話，本想維護一個被排擠的學生，卻反而傷害了她，有女生便憤怒的說：「你這樣說會更傷害她，我們並沒有不喜歡她喔！」事後我也向該名學生道歉，可是我一直內疚，亦覺得那站出來的同學勇氣可嘉，其實她才真正安慰了那名被排擠的同學。

我想，人一做跟其他人不同的事，就覺得不安全了。一間門可羅雀的商店，總是沒有人敢進去，因為沒人敢做第一個，沒有人陪就害怕了。

坐捷運，下車後上月台，很多人都擠在手扶梯那邊，總是只有我一人爬樓梯。因為我喜歡做運動，又不用跟其他人擠在一起。

話說回來，能夠與眾不同，或夠膽站出來，得先要建立自信。眾人做的事，也不一定是對的事。

你要比他更惡

由於我唸同一間國小和國中，小一開始就被同學們取笑、戲弄、孤立，直至國中畢業為止。

看一個關於牙齒矯正的廣告說，小孩子被嘲笑，會造成自卑的性格。我當然自卑，常常覺得自己不漂亮，覺得自己個性不好，覺得自己不受歡迎，唯一的自信也只是寫作天分而已。

逐漸明白這是欺善怕惡的世界，不是你對人家好，他們就會感動；事實是，你冷漠一點，無情一點，殘忍一點，他們就會很尊敬你了。好荒謬。

對付惡人的方法，就是要比他們更惡。

對歧視華人的外國人也該用同一種方法。

那次在維也納坐觀光船遊覽多瑙河，買船票時，我問那女售票員目的地是不是在地鐵站附近。當時她很兇惡的答非所問，於是我便很大聲且兇惡的說：「I know!」，並多問一次。這次她倒乖乖地回答了我的問題。

某次，前往雪梨，入境時排著很多條隊列，當我正在研究該排哪一條時，有洋人吆喝我，叫我排隊，於是我很平靜地問：「Which line?」他立時安靜下來。

對著一條狗，牠吠你，你愈驚慌，牠便愈要吠；如果你沒有反應，牠就不會吠得那麼過癮了。

早年曾有很多暴露狂，他們因為自卑而演變成暴露。如果女生們被嚇得失色尖叫，他們就會很興奮；如果取笑他們的生殖器官那麼短，他們便自討沒趣了。

說回我被同學排斥一事，很記得我最要好的同學在畢業紀念冊寫道：「為什麼她們戲弄其他同學只是很短日子，而戲弄你卻這麼久？因為你既不反抗，卻又表現得很不開心。」

我方知人是心理變態的，因為受害人痛苦，他們就玩得更起勁了。我這才知道是自己做錯了。要不，用最髒的粗話罵她們，要不，就是很冷淡的樣子，內心的痛苦該要緊緊收藏。

上次我搬家，約了窗簾公司到新居安裝，那天我尚未入住，而我由舊家到新居要個半小時車程。我上了長程客運（不能中途下車），他們才說要黃昏到，抵達後尚有幾個小時，於是我又折返家中；晚上我再出去，又是在途中他們才說今天不來了。同一天放了我兩次鴿子，我先是按捺著自己，回到家後便打電話破口大罵那客服人員，罵得我喉嚨痛。

我知道不關客服的事，是工人的問題，但我罵完之後，他們翌日真的準時前來。

不過「鬥惡」也得看對方是什麼人、在什麼場合。

我最反對在公眾場所跟陌生人爭執了。第一，這是免費提供路人娛樂，而且可能還會因此上了youtube；第二，很危險，若對方下不了台便會報復，傷害到自己可划不來。

對張三李四是應該忍一時風平浪靜的，但對朋友就絕不應該怕事。這方面我錯了許多年。

朋友是可以罵的，朋友是可以得罪的（親戚也可以得罪，即使是老公的家人），我贊成他們打你一巴，你應該回他十掌、一百掌。當然，若他們並非惡意，只是蠢鈍不懂說話，那就應該包容。我是指存心刺激你的人。

同事也可以得罪的，不過可以用斯文一點的方法。

無情

有時從一個人的說話行為，可反映他的性格。

我在大學副修心理學。有次教授播放一些精神分裂病人的片段，目的是讓學生了解這種病的情況。有些同學竟然一邊看一邊笑，包括一個與我較熟的女同學，而她的男朋友，一個心腸很好的男孩子，竟也陪她一起笑。從中我就知道她的人品不好。

播放完畢後，教授說，這不是供我們娛樂的，是教材，要讓我們認識精神分裂症，叫我們要尊重病人。

我又想起先前我男朋友說過的一件事。有次他跟一個女同學一起放學，碰見他的國中同學，是個失明人士，便跟他聊起來。事後這女同學竟一臉驚訝的問：「你認識他嗎？」語氣好像是「你連這種人都認識？」，於是我男朋友對她印象

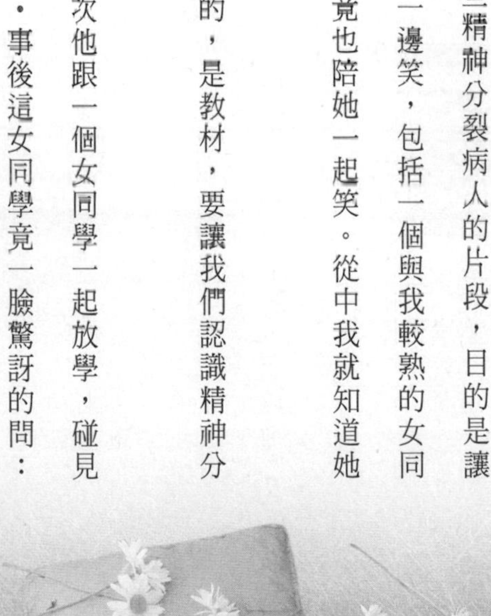

很差。

有女作家說，見到有大陸女孩在鬧市小便，想拍下照片，但失敗了。這件事情遭到網友謾罵，指她不應該拍下女童的醜態，而且想必她是想上傳到網路上公開而已。

我很少看色情電影，因為覺得殘忍，女主角也不想出賣自尊的，是為了生計而已。因此我沒有看過舒淇的艷照，怕不舒服，她自己也不想拍下的，而且她也覺得羞愧。

我很反對取笑長得醜的人，可能我也是受害者。我小時候個個同學都說我醜，有一個同學問我：「你知不知道為什麼大家都不喜歡你？」我說不知道，她便很開心地答道：「因為你長得醜囉！」

我覺得就算我長得醜也不是我的錯呀，而且樣貌也由不得我控制。關於此事，長大後我對很多人說過，他們都嘖嘖稱奇，不知道我的樣子有什麼問題。

我反而覺得最應該瞧不起的，是那些缺德的人。

性格是可以改的，說自己天生口無遮攔、天生喜歡把洗手間弄得很髒、天生不懂說「謝謝」，這些都是藉口。

如果是女人呢，常說別的女人醜的，自己都不會漂亮到哪去，缺德哪。我也覺得某些公眾人物很醜，但我只是心裡這樣想，絕不會寫出來。

有沒有人憎恨你？

一個普通人，平平凡凡，不會有人超喜歡他，也不會有人超討厭他。

以前教書，有一次學生投票選出最受歡迎的老師，以及最不受歡迎的老師，我有同事，兩項都獲得第一名，也就是說，學生們要不很喜歡他，要不很憎恨他。喜歡他的學生，是因為他管教嚴厲，很有原則；不喜歡他的學生，也因為他絕不妥協。

同一特點，有些人大力支持，有些則強烈反對。

作家也一樣，如果寫的總是淡如開水的文章，說些老生常談的道理或生活點滴，不會有特別喜歡和不喜歡他的讀者。

偏激的作家，因為有自己角度，有主見，同意他觀點的讀者會愛死他，不同意的則會說是歪理。

你想做哪一種人呢？

如果世上沒有人愛你，亦沒有人批評你，做人也很寂寞的。

因為有一群處處挑剔你、莫須有的人，才顯得愛護你的人特別可貴。

我認為有人討厭你，是值得高興的事，那代表你的重要，有人留意到你的存在。

當然，你要自我反省，是否自己真的有錯。

一種堅持，也許會惹來不滿，但我反對為了討好他人而不設底線。

例如你拒絕銷售員的推銷，他或者會給你難看臉色，但你會為了哄他開心，而買下不需要的產品嗎？

被憎恨，有時不一定是因為支持或反對，也可能是源自嫉妒。

有些人，動輒說別人嫉妒他，給他勸告是嫉妒、突然不與他來往又是嫉妒，那他也太高估自己了；可是，如果你心地善良，凡事為他人設想，尊重別人、有禮貌、謙虛、負責任、從不傷害他人，這樣還有朋友憎恨你，那他就一定是嫉妒你了。

可是，被憎恨了，該怎麼辦呢？

有人憎恨你，很簡單，離開這個人。

一個人討厭你，你做什麼他都覺得你錯，你在成功之時他不但不會替你高興，還要潑冷水，你失意了他甚至會落井下石。跟他一起，怎麼也不會快樂。

責怪

想刺激一個人，其中一個方法，就是在他訴苦的時候，你說是他的錯，是他的問題，是他的責任。

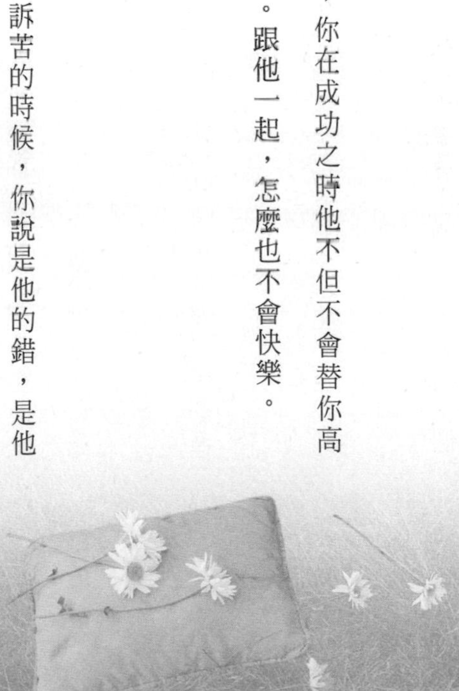

一個女藝人說，參加一個「自我提升課程」（很無聊，想了解自己可以找臨床心理學家，想充實自己就多看書、多學習）。在分享環節中，有大學女生說小時候被父母虐打，很不開心，但導師卻反指是她的錯，是她沒有嘗試令父母愛她，於是她哭至崩潰。

這個導師完全沒資格做導師，都不知道他是唸那一科的，可能連大學都沒上過。

有時候一件事情的失敗，自己雖有錯，但不能負上全部責任。環境不是我們可以控制的。

在我很年輕的時候，我失戀了。我朋友大罵我連失戀都不開心，她大讚我們一個共同朋友，分了手也若無其事的上班，沒有人看出她心情欠佳。

同一件事，發生在不同人身上，會有不同反應，也得看這個人的性格、背景、經歷、社交網絡等。也是這個朋友，那時候我教書，我對她說要花很多時間批改簿子，她反問我：「是不是你改得慢呢？」你說我虛偽也好，如果有人對我說同一番話，我會說：「你一定是工作太認真了，所以才要做那麼久。」

想討人喜歡，要多說正面的話，鼓勵性的，而不要老是批評，找碴。

很多家長最失敗的地方，就是什麼都怪在子女身上，不過現在好一點，如果子女成績不好，會說是老師的問題。

我有個朋友，在音樂中心教鋼琴，她說最大的壓力，是當有學生停學，老闆就責怪她留不住學生。可是學生離開她，可能是他自己不想學、也可能是他功課忙、又或許是他家裡有經濟問題呢，即便是跟別的老師上課，他也會停學的，或許只是我朋友運氣不好吧。

責怪別人的人，或許是想藉由指出他人的錯處，以顯得自己高高在上，從中肯定自己吧；只是，說別人差，其實也不代表他自己就很好啊。

只有自卑的人才會事事批評，透過否定別人來建立自信，說來也蠻可憐的。

這樣的日子，挺好！

作　　者　麥潔芳

發 行 人　林敬彬
主　　編　楊安瑜
責任編輯　陳亮均
內頁編排　詹雅卉（帛格有限公司）
封面設計　鄭丁文

出　　版　大都會文化事業有限公司
發　　行　大都會文化事業有限公司
11051台北市信義區基隆路一段432號4樓之9
讀者服務專線：(02)27235216
讀者服務傳真：(02)27235220
電子郵件信箱：metro@ms21.hinet.net
網　　址：www.metrobook.com.tw

郵政劃撥　14050529 大都會文化事業有限公司
出版日期　2013年11月初版一刷
定　　價　250元
I S B N　978-986-6152-93-1
書　　號　Growth-068

First published in Taiwan in 2013 by Metropolitan Culture Enterprise Co., Ltd.
Copyright © 2013 by Metropolitan Culture Enterprise Co., Ltd.

4F-9, Double Hero Bldg., 432, Keelung Rd., Sec. 1, Taipei 11051, Taiwan
Tel:+886-2-2723-5216　Fax:+886-2-2723-5220
Web-site:www.metrobook.com.tw
E-mail:metro@ms21.hinet.net

◎本書如有缺頁、破損、裝訂錯誤，請寄回本公司更換。

版權所有　翻印必究

大都會文化 METROPOLITAN CULTURE

Cover Photography: front, dreamstime / 22873411

國家圖書館出版品預行編目資料

這樣的日子，挺好！/ 麥潔芳著. -- 初版. -- 臺北市：
大都會文化, 2013.11
256 面；21 × 14.8 公分.

ISBN 978-986-6152-93-1（平裝）

1. 人生哲學　2. 生活指導

191.9　　102021337

大都會文化

大都會文化　讀者服務卡

書名：**這樣的日子，挺好！**

謝謝您選擇了這本書！期待您的支持與建議，讓我們能有更多聯繫與互動的機會。

A. 您在何時購得本書：______年______月______日

B. 您在何處購得本書：____________書店，位於____________(市、縣)

C. 您從哪裡得知本書的消息：

1.□書店　2.□報章雜誌　3.□電台活動　4.□網路資訊

5.□書籤宣傳品等　6.□親友介紹　7.□書評　8.□其他

D. 您購買本書的動機：（可複選）

1.□對主題或內容感興趣　2.□工作需要　3.□生活需要

4.□自我進修　5.□內容為流行熱門話題　6.□其他

E. 您最喜歡本書的：（可複選）

1.□內容題材　2.□字體大小　3.□翻譯文筆　4.□封面　5.□編排方式　6.□其他

F. 您認為本書的封面：1.□非常出色　2.□普通　3.□毫不起眼　4.□其他

G. 您認為本書的編排：1.□非常出色　2.□普通　3.□毫不起眼　4.□其他

H. 您通常以哪些方式購書：(可複選)

1.□逛書店　2.□書展　3.□劃撥郵購　4.□團體訂購　5.□網路購書　6.□其他

I. 您希望我們出版哪類書籍：（可複選）

1.□旅遊　2.□流行文化　3.□生活休閒　4.□美容保養　5.□散文小品

6.□科學新知　7.□藝術音樂　8.□致富理財　9.□工商企管　10.□科幻推理

11.□史地類　12.□勵志傳記　13.□電影小說　14.□語言學習（_____語）

15.□幽默諧趣　16.□其他

J. 您對本書(系)的建議：

____

K. 您對本出版社的建議：

____

讀者小檔案

姓名：______________　性別：□男　□女　生日：____年____月____日

年齡：□20歲以下 □21～30歲 □31～40歲　□41～50歲 □51歲以上

職業：1.□學生 2.□軍公教 3.□大眾傳播 4.□服務業 5.□金融業 6.□製造業

7.□資訊業 8.□自由業 9.□家管 10.□退休 11.□其他

學歷：□國小或以下 □國中 □高中／高職 □大學／大專 □研究所以上

通訊地址：____

電話：（H）______________（O）______________　傳真：______________

行動電話：______________E-Mail：______________________

◎謝謝您購買本書，也歡迎您加入我們的會員，請上大都會文化網站 www.metrobook.com.tw 登錄您的資料。您將不定期收到最新圖書優惠資訊和電子報。

這樣的日子，
挺好！

北區郵政管理局
登記證北台字第9125號
免 貼 郵 票

大都會文化事業有限公司
讀 者 服 務 部 收

11051台北市基隆路一段432號4樓之9

寄回這張服務卡〔免貼郵票〕
您可以：
◎不定期收到最新出版訊息
◎參加各項回饋優惠活動